학교폭력의 예방과 대처

손충기 · 류재수

태영출판사

머리말

학교폭력, 집단따돌림, 청소년 자살 등과 같은 용어나 현상은 교육, 특히 학교교육의 비극적 단면을 나타내는 것들이다. 이와 같은 학교교육의 그늘진 곳이 넓고 짙게 퍼져 나가고 있다는 것은 시급히 수술을 요하는 환자에 비유할 수 있을까.

이러한 교육적 병리현상에 대하여 현상 자체를 이해하는 방식, 원인을 진단하는 방식, 이를 해결하기 위한 방법 등에서 교사와 학부모와 학생과 일반사회인 간에 많은 차이를 발견하게 된다. 심지어 교사집단 속에서도 인식과 견해 차이가 많은 것이 사실이다. 교직관과 교육관이 다를 수 있기에 어쩌면 교사들 간에 인식과 접근방식의 차이가 발생하는 것은 자연스러운 현상이기도 하다. 문제는, 이에 대한 논의는 무성하지만 실천과 실행이 이루어지지 않고 있다는 데 있다. 학교폭력과 청소년 자살 현상은 논쟁의 대상이라기보다는 당장 발 벗고 나서야 하는 실천과 실행력이 요구된다.

이러한 점에서 단순히 머리로서가 아니라 저자들이 마음과 몸으로 펴낸

머리말

『학교폭력의 예방과 대처』 제목의 저서는 학교폭력과 청소년 자살 현상의 이해뿐만 아니라 그 원인의 진단과 구체적인 해결책을 제시하고 있다는 점에서 일선학교의 교원, 학부모, 학교교육을 지원하는 교육청의 장학진, 청소년 상담가, 청소년 복지지원 기관 종사자 등 청소년의 중요 타자들이 읽어서 이해해야 할 중요한 내용들을 체계적으로 다루고 있어서 실용적인 가치가 매우 크다고 생각되어 펴내게 되었다.

이 책은 이론서나 개론서가 아니라 일종의 지침서 성격을 갖는다. 여기에는 학교폭력과 청소년 자살의 진단과 대책이라는 사후적 조치에 대한 내용뿐만 아니라, 예방, 징후의 진단, 상담에 관련된 내용, 학부모 면담 요령, 학교폭력 예방 및 대책에 관한 법률과 소년법 등의 법, 그리고 각종 서류와 보고서의 양식 등 학교 현장에서 즉각적으로 활용할 수 있는 것들이 포함되어 있어서 특히 바쁜 교직생활을 수행하는 교사들에게 실용적 가치가 크다고 확신한다.

이 책은 교육부, 법무부, 국가청소년위원회, 보건복지부, 자살예방협회, 전라북도교육청, 평택대학교 등의 자료를 바탕으로 만들게 되었다. 학교폭력이나 자살에 대한 이해를 돕고 특히 이러한 병리현상을 예방하기 위한 방안을 제시하고 있는 것이니만큼 관심 있는 모든 사람들에게 조금이나마 도움이 되었으면 하는 바람이다.

2013년 8월 말복에

저자

차 례

Ⅰ. 학교폭력이란?

1. 학교폭력의 정의
2. 학교폭력예방법이 적용되는 학교폭력의 종류
3. 학교폭력은 과거와 달리 어떻게 변화하고 있을까?
4. 일반폭력과 학교폭력의 차이점
5. 학교폭력은 어디서 발생할까?
6. 집단 괴롭힘 가해 이유를 물어 보면
7. 내가 피해를 당한다면 어떻게 할까?
8. 가해자가 되면 어떻게 될까?
9. 방관자도 가해자이다

1. 학교폭력의 정의

학교폭력이란 학교 내외에서 학생을 대상으로 발생한 상해, 폭행, 감금, 협박, 약취 · 유인, 명예훼손 · 모욕, 공갈, 강요 · 강제적인 심부름 및 성폭력, 따돌림, 사이버 따돌림, 정보통신망을 이용한 음란 · 폭력 정보 등에 의하여 신체 · 정신 또는 재산상의 피해를 수반하는 행위를 일컫는다.

2. 학교폭력예방법이 적용되는 학교폭력의 종류

가해자에 대한 선도, 피해자에 대한 보호 등에 관한 학교폭력법상 학교 내 절차가 진행되는 학교폭력의 종류에는 주먹이나 발이 오고가지 않는 유형도 많이 있다.

가. 신체적 폭력

폭행이란 신체에 대한 불법적인 힘을 행사하는 일체의 행위를 말한다. 머리카락이나 털을 잘라 버리는 것, 사람의 손을 세차게 잡아당기는 것 등 장난으로 한 행위도 폭행이 될 수 있다.

○ 일정한 장소에서 쉽게 나오지 못하게 하는 행위(감금)

○ 신체를 손, 발로 때리는 등 고통을 주는 행위(상해죄, 폭행죄)

○ 강제(폭행 · 협박)로 일정한 장소로 데리고 가는 행위(약취죄)

○ 상대방을 속이거나 유혹해서 일정한 장소로 데리고 가는 행위(유인죄)

신체적 폭력은 이렇게 처벌받을 수 있다.

폭행을 한다면 형법 제260조 제1항에 의해 폭행을 가한 사람은 2년 이하의 징역 또는 500만원 이하의 벌금에 처해진다.

여럿이 또는 위험한 물건으로 폭행한 경우에는 '폭력행위 등 처벌에 관한 법률'에 제3조 제1항에 의해 1년 이상의 징역으로 가중처벌된다. 위험한 물건이란 총·칼, 각목 뿐만 아니라 대걸레 자루, 유리병 등 신체(주먹, 발)보다 더 단단하거나 위험할 수 있는 모든 것들이 포함된다.

상해를 한다면 형법 제257조 제1항에 의해 상해한 사람은 7년 이하의 징역 또는 1천만 원 이하의 벌금에 처해진다.

여럿이 또는 위험한 물건으로 상해한 경우에는 '폭력행위 등 처벌에 관한 법률' 제3조 제1항에 의해 3년 이상의 징역에 처해진다.

감금을 한다면 형법 제276조 제1항에 의해 감금한 사람은 5년 이하의 징역 또는 700만원 이하의 벌금에 처해진다.

약취·유인을 한다면 형법 제287조에 의해 미성년자를 약취 또는 유인한 사람은 10년 이하의 징역에 처해진다.

나. 언어적 폭력

- ○ 여러 사람 앞에서 상대방의 명예를 훼손하는 구체적인 말(성격, 능력 등)을 하거나 그런 내용의 글을 인터넷, SNS 등으로 퍼뜨리는 행위(명예훼손죄)
  → 내용이 진실이어도 범죄이고, 허위인 경우 가중처벌을 받는다.
- ○ 여러 사람 앞에서 모욕적인 용어(외모 놀림, 병신, 바보 등 비하하는 내용)를 지속적으로 말하거나 그런 내용의 글을 인터넷, SNS 등으로 퍼뜨리는 행위(모욕죄)

명예훼손을 하면 형법 제307조 제1항에 의해 2년 이하의 징역 또는 500만 원 이하의 벌금에 처해진다. 허위사실을 말해서 명예를 훼손하면 형법 제307조 제2항에 의해 5년 이하의 징역, 1천만 원 이하의 벌금에 처해진다(더욱 무겁게 처벌 받는다).

모욕을 한다면 형법 제311조에 의해 1년 이하의 징역 또는 200만 원 이하의 벌금에 처해진다.

협박을 한다면 형법 제283조에 의해 3년 이하의 징역 또는 500만 원 이하의 벌금에 처해진다.

다. 금품갈취, 강요

○ 속칭 삥(금전) 뜯기(공갈죄)
○ 옷, 문구류 등 빼앗기(공갈죄)
○ 폭행 또는 협박으로 상대방의 권리행사를 방해하거나 의무 없는 일을 하게 하는 행위(강요죄) → 속칭 빵 셔틀, 와이파이 셔틀 등

금품갈취는 형법 제350조 제1항에 의해 사람을 공갈하여 재물을 받거나 재산상의 이익을 얻으면 10년 이하의 징역 또는 2천만 원 이하의 벌금에 처해진다. 형법 제333조에 의해 폭행 또는 협박으로 타인의 재물을 강제로 뺏거나 기타 재산상의 이익을 얻으면 3년 이상의 징역에 처해진다.

강요란 폭행 또는 협박으로 상대방의 권리행사를 방해하거나 의무 없는 일을 하게 하는 행위를 말하며, 이 경우 형법 제324조에 의해 5년 이하의 징역에 처해질 수 있다.

라. 따돌림

○ 집단적으로 상대방을 의도적·반복적으로 피하는 행위
○ 다른 학생들과 어울리지 못하도록 막기(강요죄)
○ 싫어하는 말로 바보취급 등 놀리기(모욕죄)
○ 빈정거림, 면박주기, 골탕 먹이기 등(모욕죄)

따돌림이란 학교 내외에서 2명 이상의 학생들이 특정인이나 특정집단의 학생들을 대상으로 지속적, 반복적으로 신체적 또는 심리적 공격을 가하여 상대방이 고통을 느끼도록 하는 일체의 행위를 말한다. 따돌림은 그 자체가 범죄는 아니나 학교폭력법상 폭력으로 학교 내에서 처벌을 받을 수 있다. 또한 따돌림은 피해를 당하는 학생에게 물리적 폭행행위보다 더 심한 정신적 피해가 생길 수 있다.

마. 성폭력

○ 폭행 · 협박을 하여 강제적 성행위, 유사성교행위, 성기에 이물질 삽입행위(성폭력범죄 등)

○ 폭행 · 협박과 함께 성적 모멸감을 주는 신체적 접촉행위(성폭력 범죄 등)

○ 성적인 말과 행동으로 상대방에게 성적 굴욕감, 수치심을 주는 행위(모욕죄 등)

미성년자에게 성폭행 또는 성추행을 하면 형법 제302조에 의해 5년 이하의 징역에 처해진다. 만 13세 미만의 미성년자에게 성폭행을 하면 성폭력범죄의 처벌 등에 관한 특례법 제7조 제1항에 의해 무기징역 또는 10년 이상의 징역에 처해진다.

만 13세 미만의 미성년자에게 성추행을 하면 성폭력범죄의 처벌 등에 관한 특례법 제7조 제3항에 의해 5년 이상의 징역 또는 3천만 원 이상 5천만 원 이하의 벌금에 처해진다.

※ 성폭력은 「아동 · 청소년의 성보호에 관한 법률」에 의하여 강제추행 이상의 중대사안은 경찰 등 수사기관에 반드시 신고해야 한다.

바. 사이버 폭력

○ 특정인에 대한 모욕적인 말이나 욕설 등을 인터넷 게시판, 채팅, 문자, 카페 등에 올리는 행위(명예훼손죄 등)

○ 특정인에 대한 허위 글이나 사생활에 관한 사실을 인터넷, SNS, 카카오톡 등으로 불특정 다수에 공개하는 행위(명예훼손죄 등)

○ 위협 · 조롱 · 성적 수치심을 주는 글, 그림, 동영상 등을 정보통신망을 통하여 유포(명예훼손죄 등)

○ 공포심이나 불안감을 유발하는 문자, 음향, 영상 등을 휴대폰 등 정보통신망으로 반복적 전송(협박죄 등) → 대부분 형사처벌이 가능한 범죄행위이다.

사람을 헐뜯을 목적으로 사이버상에 사실을 드러내어 명예를 훼손하면 정보통신망 이용 촉진 및 정보보호 등에 관한 법률 제70조 제1항에 의해 3년 이하의 징역 또는 2천만 원 이하의 벌금에 처해진다.

사람을 헐뜯을 목적으로 사이버상에 사실을 드러내어 명예를 훼손하면 정보통신망 이용 촉진 및 정보보호 등에 관한 법률 제70조 제2항에 의해 7년 이하의 징역 또는 5천만 원 이하의 벌금에 처해진다.

학교폭력이 발생하면 학교폭력예방 및 대책에 관한 법률에 의하여 피해자 보호, 학생징계, 분쟁조정 등의 조치가 학교 내에서 절차에 따라 진행된다. 이와는 별도로 「형법」, 「소년법」 등에 의하여 각종 형사처벌 및 보호처분이 있을 수 있고, 「민법」에 의하여 물질적 · 정신적 손해에 대한 배상이 문제될 수 있다.

3. 학교폭력은 과거와 달리 어떻게 변화하고 있을까?

과거의 학교폭력은 소수의 문제학생에 의해 주로 발생했으나, 최근에는 다수의 학생들에 의해 반복적, 정서적 폭력의 형태로 이루어지는 하나의 문화 현상으로 변질되고 있다.

가. 과거의 학교폭력의 주요 유형

① 폭력 서클이 조직적 · 집단적으로 저지르는 폭력이 주류를 이루었다.
② 폭행, 금품갈취 등 물리적 폭력이 많았다.
③ 1회성 단기적 성격을 띤 경우가 많았다.
④ 연령이 상대적으로 많은 학생들에 의해 저질러졌다.
⑤ 주로 다른 학교 학생들에 대해 폭력을 행사했다(자기학교 학생은 오히려 보호했다).

나. 최근의 학교폭력의 주요 유형

① 일부 학생에게만 국한된 것이 아니라 상당 수 혹은 소그룹이 따돌림 등 집단으로 행하는 형태로 변화되었다.
② 강제적인 심부름(빵 셔틀, 와이파이 셔틀 등), 협박, 집단 따돌림, 놀림 등 정신적 폭력의 형태로 다양하게 변화되었다.
  - 인터넷과 스마트폰, SNS 등을 활용하여 교묘한 방식으로 괴롭히고, 집단적으로 즐기는 사례가 증가하고 있다.
③ 특정 상대방을 대상으로 계속적 · 집중적으로 행사하는 경우가 많다.
④ 주로 중학생들 사이에서 가장 많이 발생하나 초등학생에 의한 학교폭력

이 증가하는 등 저연령화 현상으로 변하고 있다.

⑤ 학교 현장 내에서 많이 발생하고 있다.

4. 일반폭력과 학교폭력의 차이점

① 일반폭력은 모르는 사람 사이에서 주로 발생하며, 특정한 장소가 정해져 있지 않으나, 학교폭력은 같은 학교 · 학급이라는 같은 공간 내에 있는 학생들 사이에 발생하므로 사건 발생 이후에도 일정기간 가해자, 피해자가 마주치게 된다.

② 일반폭력은 폭력의 당사자 외에는 제3자가 알기 어려우나, 학교폭력은 당사자 외에도 같은 학교 · 학급에 있는 다른 친구들에게 쉽게 알려지게 되므로 추가적인 정신적 고통을 받는 경우가 많다.

- 속칭 '빵 셔틀'의 피해학생은 다른 친구들에게 똑같은 행동을 강요받는 경우가 많다.

③ 일반폭력은 연속성이 없으나, 학교폭력은 학교 내에서 끊임없이 특정 학생에 대해 행해지고, 문제의식 없이 학생들 사이에 학교 내 하나의 잘못된 문화처럼 형성될 수 있다.

5. 학교폭력은 어디서 발생할까?

① 학교 체육관에서 청소하는데 옆에 있던 친구가 청소도 제대로 못한다며 발로 찼다.

② PC방에서 놀고 있는데 학교 선배가 머리를 때리고 욕을 하며 지나갔다.

③ 학교 수업을 마치고 친구와 집에 가고 있는데 학교 선배들이 돈을 요구하며 때렸다.

학교폭력의 79%가 학교 내에서 일어나며 약 21%가 그 외의 장소에서 발생한다고 한다. 대부분의 학교폭력 사건이 학교 내에서 이루어지고 있는 점을 생각해 보면, 학교폭력이 장기적으로 이루어질 가능성이 많다. 또한 피해학생이 학교를 떠나지 않는 한 학교폭력에서 벗어나는 것이 힘들다. 이러한 특성으로 학교폭력의 피해자는 일회적인 피해가 아닌 더 큰 신체적 · 정신적 고통을 겪게 될 가능성이 높다.

6. 집단 괴롭힘 가해 이유를 물어 보면

집단 괴롭힘 가해 이유를 물어 보면 ① 잘난 척 해서(29.4%), ② 친구가 하니까 따라서(11.7%), ③ 아무 이유 없이(11.7%), ④ 냄새나거나 더러워서(10.6%), ⑤ 친구들과 어울리지 못하는 성격이어서(7.0%), ⑥ 뚱뚱하거나 못생긴 외모 때문에(6.5%) 등이다.

집단 따돌림의 제일 큰 이유가 잘난 척 때문이라고 한다. 피해학생을 비난하고 험담하면서 집단적으로 따돌리는 합당한 이유가 되지는 않겠지만 피해학생들도 자신의 행동을 점검해 보고 자신의 언행과 행동이 다른 친구들의 기분을 상하게 하고 있지는 않은지 생각해 보아야 할 필요가 있다. 다른 친구들과의 원만한 관계를 위해서 자주 대화를 하는 것도 좋은 방법일 것이다. 더욱 큰 문제는 뚜렷한 이유 없는 집단 괴롭힘이다. 친구가 하니까 따라서 하거나, 혹은 아무 이유 없이 가해행위를 하는 경우가 다수 발생하고 있다. 이유 없는 가해행위는 피해자에게 매우 큰 고통을 주고 있으며 이러한 행동으로 인해 피해학생의 자살과 같은 극단적인 상황이 발생할 수 있다.

피해학생의 대처방식을 묻는 질문에 "무시했다"라는 응답이 가장 많았고, 그 다음으로 "혼자 고민했다"라는 응답이 많았다. 문제를 해결하기 위해 선생님이나 부모님께 말한 경우는 불과 26.1%밖에 되지 않았다. 그 외에 "가출이나 자살을 시도했다(7.7%)", "다른 아이들 또는 동생을 괴롭히거나 때렸다(5.1%)" 라는 응답도 상당수여서, 학교폭력이 다른 폭력을 낳고 있는 모습을 보여주기도 했다.

7. 내가 피해를 당한다면 어떻게 할까?

가. 적극적으로 의사표시를 한다.

참고 있다고 학교폭력이 없어지지 않는다. 학교폭력을 당하는 처음부터 적극적으로 가해학생을 처벌할 수 있다는 의사표시를 해야 한다.

〈실제 사례〉

서울 00고등학교 0학생은 중학교 때 꼼꼼하고 싹싹하여 선생님들의 총애를 받는다는 이유로 학교폭력에 시달렸다. 부모님과 선생님께 자신의 상황을 알리고 직접 교육청 등에 진정서를 제출하였지만 한계가 있었다. 0학생은 적극적으로 가해 학생에게 "네 행동을 저지할 수 있고, 법적으로도 처벌할 수 있다"고 의사표시를 한 것이 도움이 되었다고 한다.

나. 부모님, 선생님 등 어른들과 이야기한다.

학교폭력 피해 사실이 있을 때 그냥 참고 주저하다 보면 가해학생의 폭력 정도가 커지는 경우가 많으니, 초기에 담임선생님 등 어른들께 적극적으로 도움을 요청한다.

〈실제 사례〉

00중학교 A학생은 동급생인 B학생과 C학생을 부하처럼 데리고 다니면서 심부름을 시켰고, A학생의 요구에 응하지 않을 경우, 뺨을 때리고 발로 차는 등 상습적인 폭행행위를 일삼았다. 이에 B학생과 C학생은 부모님과 선생님께 이 사실을 알렸다. 이후 A학생은 '전학' 조치와 전문 의료기관에서 상담치료를 받았다.

B학생과 C학생은 담임선생님과 같이 등·하교를 하고, 하기 싫어하는 일에 대하여 단호히 거부 의사를 밝히며, 학교폭력에 대하여 신고하도록 교육을 받았다. 또 부모님과 많은 상황을 공유하게 도었다.

다. 피해를 당할 때, 증거를 수집하면 좋다.

서면자료로 피해에 대한 일체의 진술서, 피해학생의 일기장, 주변 친구의 진술서, 병원 진단서 등이다.

사진 자료로는 상처가 있으면 즉시 촬영해 둔다.

사이버 자료는 이메일, 채팅 내용, 게시판 글 등을 화면 캡처하거나 출력해 둔다.

녹취자료는 목격자를 만나 진술을 듣고 녹음한다(대화자 간의 녹음은 상대방의 동의가 없어도 합법이다).

휴대폰 자료는 문자·음성메시지 등을 보관해 둔다.

물적증거·목격자 진술이 없고, 가해자와 피해자의 진술이 상반되더라도 피해자 진술내용이 신빙성이 있는 경우 피해자 진술만으로 현행법상 가해자 처벌이 가능하다.

라. 학교폭력피해 '117'을 누르면 된다.

○ ONE-STOP 지원센터 - 국번없이 '117'

○ 학교폭력 온라인 신고 - www.safe182.go.kr

○ 학교폭력 모바일 신고 - m.safe182.go.kr

학교폭력을 신고하는 것은 고자질이 아니다. 내가 신고하지 않으면 나뿐만 아니라 다른 친구도 피해를 입을 수 있다. 아동·학생 곁에는 부모님, 선생님, 그리고 법이 보호해 준다는 사실을 잊어서는 안 된다. 피해상황이 고통스럽다고 해서 스스로 목숨을 끊는 등 극단적인 선택을 하는 것은 부모님과 가족에게 씻을 수 없는 상처를 남기는 행동이다.

마. 피해자는 어떻게 보호해 주나?

학교폭력법 제16조

- 심리상담 및 조언 : 전문상담가들을 통해서 학교폭력으로 받은 정신적 충격을 극복할 수 있도록 도와 준다.
- 일시보호 : 지속적인 폭력이나 보복을 할 우려가 있는 경우 일시적으로 보호시설이나 집 또는 학교상담실 등에서 보호를 받을 수 있다.
- 치료 및 치료를 위한 요양 : 심리상담으로는 부족할 경우 의료기관을 통해 심리적, 신체적 진료나 치료를 받게 한다.
- 학급교체 : 학급 내에서의 지속적인 폭력인 경우 가해학생의 학급교체와 함께 피해학생의 학급을 교체할 수 있다.
- 그 밖에 피해학생 보호를 위하여 필요한 조치 : 학교폭력 피해자는 법에 따라 철저하게 법에 의한 보호를 받을 수 있다. 가해자의 보복을 걱정하지 말고, 피해내용을 부모님이나 선생님에게 알려야 한다.

학교폭력 피해학생이 상담이나 치료 등을 위해 학교에 가지 못한 기간은 출석일수에 산입된다.

〈 확인퀴즈 〉	
학교폭력을 제대로 이해했는지 확인할 수 있는 퀴즈입니다. 한 번 풀어 봅시다.	
(1) 장난으로 하는 행동도 학교폭력이 될 수 있다.	O / X
(2) 친구를 때려 학교에서 징계를 받았다면 별도로 형사처벌을 받지 않는다.	O / X
(3) 따돌림과 사이버 따돌림은 학교폭력에 해당되지 않는다.	O / X
(4) 여러 친구들 앞에서 친구를 '돼지'라고 계속 놀리는 것도 학교폭력이다.	O / X
(5) 휴대폰으로 어떤 내용의 문자를 보내더라도 학교폭력에 해당하지 않는다.	O / X
(6) 학교폭력 사실을 알게 된 경우, 모든 학생들이 선생님에게 알려야 할 법률상 의무가 있다.	O / X
(7) 학교폭력 피해자가 보복을 당하지 않도록 법에 의하여 구체적인 보호조치가 가능하다.	O / X
(8) 학교폭력의 구체적인 유형 대부분은 그 자체가 범죄이다.	O / X

답 : (1)–O, (2)–X, (3)–X, (4)–O, (5)–X, (6)–O, (7)–O, (8)–O

8. 가해자가 되면 어떻게 될까?

가. 학교에서는 이런 조치를 받을 수 있다.

학교폭력법 제17조

① 서면사과

② 피해학생 및 신고 · 고발 학생에 대한 접촉, 협박 및 보복행위 금지

③ 학급교체, 전학, 학교에서의 봉사, 사회봉사

④ 출석정지

⑤ 학내 외 전문가의 특별교육이수 또는 심리치료

⑥ 퇴학처분(의무교육 대상인 중학생에게는 퇴학처분이 불가능)

②③④의 경우는 + 특별교육 또는 심리치료 중 하나를 병과할 수 있다.

학교에서 조치를 받았다고 해서 끝나는 것이 아니라 피해자 측에서 수사기

관에 신고, 고소하면 형사처벌을 별도로 받을 수 있고, 그 뿐만 아니라 피해자 측에 금전적인 손해까지 배상해야 한다. 또한 학교에서의 처벌 내용은 학교생활기록부에 남게 된다.

나. 피해학생이 수사기관에 신고하면 가해학생은 어떻게 될까?

만 10세 이상은 보호처분(소년원 송치 등)을 받을 수 있다. 만 10세 이상 - 14세 미만(촉법소년) → 형사처벌 불가, 보호처분 가능. 14세 이상 - 19세 미만(범죄소년) → 형사처벌 가능, 보호처분 가능.

보호처분이란?

만 10세 이상 19세 미만의 비행소년의 경우, 통상적인 형벌과 그 절차인 형법, 형사소송법 대신 소년법에 따라 법원의 소년부 판사가 처벌이 아니라 소년의 환경조정과 품행을 교정하기 위하여 내리는 처분이다. (보호관찰, 소년원 송치 등 10가지 종류)

이는 14세 이상의 소년이 저지른 범죄 정도가 중하거나 상습적인 경우 형법, 형사소송법에 따라 형사처벌을 받는 것과는 법률상 전혀 다른 것이다.

※ 소년 사법처리 연령의 구분

학생들의 범죄에서 소년이란, 소년법에서 소년이란 19세 미만인 자를 말한다. 그리고 만 10세에서 만 14세 미만의 소년을 촉법소년이라 한다. 촉법소년은 형사책임능력이 없기 때문에 형벌이 아닌 보호처분을 받는다. 만 14세부터 19세 미만까지의 범죄를 저지른 행위자를 범죄소년이라 한다. 우범소년이란 행위 자체는 범죄가 아니지만 집단적으로 몰려다니며 주위 사람들에게 불안감을 조성하거나, 정당한 이유 없이 가출하거나, 술을 마시고 소란을 피우는 등의 행동을 하는 청소년을 말한다. 그러나 사실상 우범소년은 그 의미가 없어지고 있다.

다. 가해학생이 받는 형사처벌과 보호처분은 어떤 것이 있나?

O 일반법원 → 형사처벌 → 징역형(실형 또는 집행유예 등) → 벌금형(일반적으로 만 18세 미만자에게는 벌금을 부과하지 않는다)

O 가정(지방)법원 소년부 → 보호처분 → 보호자 등에 위탁(제1호) → 수강명

령, 사회봉사명령(제2, 3호) → 보호관찰(제4, 5호) → 소년복지시설 등에 위탁(제6호) → 병원, 요양소 이송(제7호) → 소년원 송치(1개월 이내의 소년원 송치, 단기 소년원 송치, 장기 소년원 송치)(제8, 9, 10호)

가정(또는 지방)법원 소년부에서 만 10세 이상의 소년에게 보호관찰을 받을 것을 결정하면, 단기의 경우에는 1년간, 장기의 경우에는 2년 동안 법무부 공무원인 보호관찰관의 교육과 상담 등 지도를 받아야 한다. 이런 보호관찰 기간 동안 소년은 평상시와 같이 집에서 생활하고 학교도 다닐 수 있다.

사안이 중대한 경우는 검찰에서 일반 법원에 기소하게 되고, 그러면 성인과 마찬가지로 재판을 받게 된다. 재판 도중에 법원에서 소년부 송치를 하여 소년법원의 판단을 받아 보호처분을 받기도 하고, 일반 법원에서 직접 판결을 선고하는 경우에는 징역 등의 형벌을 선고받게 된다.

경찰에서 수사를 한 다음 검찰로 사건을 보내면 검찰에서 일반법원에 기소를 할 것인지, 법원 소년부로 보낼 것인지를 결정한다. 그렇지 않고 검찰에서 직접 용서를 해 주기도 하는데 이를 기소유예라고 한다. 그냥 반성문을 받고 용서하기도 하고, 범죄예방위원의 선도나 청소년비행예방센터 또는 보호관찰소의 교육을 조건으로 용서하기도 한다.

라. 사례로 이해하기

1) 사례 1

00중학교 2학년 A학생은 B학생이 키가 작고, 얼굴이 못생겼다는 이유로 다른 여러 친구들이 보는 앞에서 자주 "난장이 똥자루, 찌질이"라고 놀려 왔다. 뿐만 아니라 A학생은 힘이 약한 B학생에게 A학생의 심부름을 하지 않으면 때릴 듯이 위협해서 빵 심부름을 비롯하여 각종 심부름을 하게 했다.

이해하기
A가 B를 놀린 행위는 형법상 모욕죄, A가 B에게 심부름시킨 행위는 형법상 강요죄라는 범죄가 성립된다. 따라서, A는 사법기관에 의하여 해당 범죄에 관하여 처벌을 받을 수 있다.
뿐만 아니라, 이러한 모욕, 강요는 각각 학교폭력의 유형에 해당되므로 학교폭력법에 의하여 A는 별도로 징계를 받게 된다.

2) 사례 2

00중학교 1학년 A학생은 평소에 마음에 들지 않았던 B학생을 혼내 주기 위해 화장실로 부르고, C에게 함께 B학생을 혼내 주자고 얘기했다. 화장실 앞에서 A학생은 B학생의 얼굴을 주먹으로 수차례 때리고, C학생은 B학생을 직접 때리지 않았지만, A학생이 때리는 동안 B학생이 못 움직이도록 B학생의 팔을 붙잡아 주었다. A학생으로부터 여러 차례 얻어맞은 B학생도 화가 나자 A학생의 얼굴을 주먹으로 한 대 때렸다.

이해하기
A, C는 공동으로 B를 폭행한 범죄가 성립된다. 특히, C는 B를 직접 폭행하지 않았지만, B가 저항하지 못하도록 붙잡았으므로 A의 범죄에 대한 공범으로서 폭행결과에 관하여 A와 함께 형사처벌의 책임을 져야 한다.
한편, B가 A로부터 먼저 구타당하였다고 하더라도 A를 한 대 때린 행위는 정당방위가 아니라 엄연한 폭행죄로서 범죄이다. 이와는 별도로 A, B, C 모두 각자의 폭행에 관하여 학교폭력법에 의하여 징계를 받게 된다.

3) 사례 3

00중학교 3학년 A학생은 그 반 학생들이 주축인 '공주파'에 의해 평소에 왕따를 당해 왔다. '공주파'는 자신들이 얘기하는 근처에 항상 A가 오지 못하도록 해서 A가 주눅이 들도록 했다.

어느 날, A가 '공주파'에게 왕따를 당하고 있는 사실을 선생님에게 말씀드리고, '공주파'가 선생님으로부터 주의를 받게 되었다. 이에 '공주파'는 자신들의 아지트인 미술실로 A를 불러 내 미술실의 문을 안에서 잠궈 A가 나갈 수 없게 한 뒤, 주먹과 발로 A를 수차례 때렸다.

이해하기

먼저, '공주파' 전원에게는 공동으로 A를 미술실에 가둔 감금죄와 A를 때린 폭행죄라는 범죄가 성립되므로 이에 대한 형사처벌을 받을 수 있다.

이러한 감금과 폭행 뿐만 아니라 '공주파'가 A를 왕따시킨 행위도 학교폭력의 유형인 '따돌림'에 해당되므로 위 3가지의 학교폭력에 관하여 학교폭력법에 의하여 '공주파'는 징계를 받게 된다.

마. 저도 모르게 가해자가 되었어요.

① 힘이 세다는 이유로, 예쁘다는 이유로 친구와 선배들이 마음에 든다며 접근했다.

② 나를 인정해 주는 친구, 선배들과 함께 노는 게 재밌었다.

③ 친구들과의 싸움에서 이겨 우리 학년에서 내가 짱이 되었고, 아무도 나를 건드리지 못했다.

④ 유흥비로 돈이 필요하다는 선태들의 말을 듣고 아이들을 협박하여 돈을 빼앗았다.

⑤ 일상생활이 가출, 폭행, 원조교제 등이었다.

⑥ 끝없이 추락하는 내 모습을 보고 일진회 탈퇴를 결심했지만, 집단폭행을 당하며 탈퇴가 쉽지 않았다.

친구들과 어울리다 자연스레 폭력을 행사하게 되는 경우가 많다. 시간이 지날수록 더 심한 범죄를 저지르게 되고, 나중에는 스스로 학교폭력에서 벗어나기도 어려워진다. 또한, 부모님은 피해자에게 치료비 등을 배상해야 할 뿐만 아니라, 형제 · 자매에게는 학교폭력을 저지른 부끄러운 가족이라는 상처를 남긴다.

바. 가해자여! 학교폭력에서 벗어나라!

1) 부모님과 선생님의 도움

초등학교 3학년 때 서울로 전학한 A학생은 혹시 왕따를 당할까 싶어 친구, 선배 사귀기에 많은 시간을 할애했다. 그러나 A학생은 선배들과 어울리는 과정에서 자연스럽게 '사고'를 치게 됐고 곧 수렁에 빠졌다.

중학교에 진학한 A학생은 평범한 학생으로 되돌아가고 싶었지만, 선배들의 나쁜 짓에 관한 강요와 폭행에서 벗어날 수가 없었다. "이렇게 인생을 망칠 순 없다"고 생각한 A학생은 용기를 냈다.

A학생은 선생님께 사실을 털어놨고, 얘기를 들은 선생님은 곧바로 A학생을 적극 보호하고 나섰다. 선생님은 A학생의 어머니에게도 사실을 알렸다.

A학생은 "선배들은 계속 욕설과 협박을 하며 배신자라고 불렀다. 하지만 선생님과 엄마가 1년이 넘도록 계속 이들을 감시하고 설득하자 그런 일이 줄었다"고 말했다. '조직'으로부터 완전히 벗어난 A학생은 "다른 친구들도 나처럼 수렁에서 빠져나올 수 있으면 한다"고 했다.

2) 전문 상담기관의 도움

친구들과 어울리다 '조직'의 일원이 되었다는 A학생은 "그 때는 언니들이 하는 대로 휩쓸려서 내가 뭘 하는지도 몰랐다"고 후회했다. 계속 엇나가기만

하던 A학생은 헌신적인 아버지와 마음을 열어준 담임교사가 다잡아 주었고, A학생은 전문기관에서 가해자 상담을 받은 것이 큰 도움이 됐다. A학생은 "친구를 때리고, 돈을 빼앗은 기억이 어른이 되면 얼마나 창피하고 후회스럽겠냐"면서 "주변에 도움을 청하면 새로운 기회를 얻을 수 있다"고 했다.

9. 방관자도 가해자다.

가. 학교폭력 사실을 알게 된 사람은 누구든지 법률상 신고의무가 있다.

학교폭력 현장을 보거나 그 사실을 알게 된 자는 학교 등 관계기관에 이를 즉시 신고해야 한다. — 학교폭력 예방 및 대책에 관한 법률 제20조 제1항

학교폭력에 대한 신고의무는 학생들을 포함한 모든 국민에게 주어진 법률상의 의무이다. 따라서 학생들이 학교폭력 현장을 보거나 알게 된 경우에는 그 내용을 선생님에게 반드시 말씀드려야 법률상 의무를 다한 것이 된다.

나. 왜 학교폭력을 보고만 있을까? 나만 아니면 돼?

① 나도 혹시?(보복에 대한 두려움)
② 가해학생의 관심이 자신에게로 쏠릴 것에 대한 경계심
③ 고자질을 하면 안 된다는 생각
④ 가해학생이 피해학생을 괴롭히는 것에 대해 무감각함
⑤ 어른들이 피해학생을 도와줄 수 없다는 생각
⑥ '문제'인데도 우리학교, 우리 반의 '문화'라고 수동적으로 수용하는 자세

학교폭력을 보고도 방관하는 것은 학교폭력 가해자가 더 활개를 칠 수 있도록 사실상 도와주는 것이다. 반면에, 장기간 동안 여러 차례 학교폭력을 당해

서 누구한테도 피해내용을 직접 말하기 힘들어 하는 학교폭력 피해자를 대신해서 선생님에게 알리는 것은 고자질이 아니라 법률상 의무를 이행하는 정의로운 행동이다.

다. 학교폭력의 고통 속에 있는 친구를 위해 어떻게 해야 할까?

① 내가 학교폭력을 말릴 수 있다면 적극적으로 개입하여 저지한다.
② 나는 가해자를 말릴 힘은 없지만, 그들의 나쁜 행위를 몰래 기록할 수 있다.
③ 친구 부모님과 선생님에게 내가 알고 있는 내용을 즉시 말씀드린다.
④ 친구를 위해 대신 상담전화를 한다(국번 없이 117번).
⑤ 다른 친구들과 힘을 합쳐 친구를 돕는다(친구 되어 주기, 같이 밥먹기 등).

라. 학교폭력을 직접 행사하지 않아도 방조죄가 될 수 있다.

범죄에 가담하지는 않았지만 방법이나 형태에 상관없이 범죄를 쉽게 할 수 있도록 도와주는 모든 행위를 '방조'라고 한다. 범죄 행위에 대한 조언, 격려, 범행 도구나 범행 장소의 제공 등을 포함한다.

방조죄는 폭행, 협박, 모욕 등 모든 범죄에 대하여 별도로 성립될 수 있는 형법상 범죄이다. 직접 폭행이나 협박에 가담하지 않더라도 그런 범죄에 사용할 도구를 빌려 주거나 장소를 제공해 주는 등의 경우가 해당된다.

이해하기

내가 직접 학교폭력을 행사하지 않았더라도 학교폭력을 행사하는 친구를 따라가서 현장에서 피해자가 위압감을 갖도록 동조하는 여러 행위도 학교폭력에 가담한 것으로 법률상 인정될 수 있으니, 함부로 따라가지 않아야 한다.

내가 직접 학교폭력을 행사하지 않았더라도 도와주는 정도에 따라 법률적으로 공동정범(직접 학교폭력을 행사한 것보다는 가담정도가 낮은 수준)이 될 수 있다.

Ⅱ. 학교폭력의 원인

1. 학생의 인성 및 사회성 함양을 위한 교육적 실천 미흡
2. 교사가 적절한 생활지도를 하기 어려운 교육여건
3. 보호자의 자녀 교육에 대한 관여 부족
4. 인터넷 · 게임 · 영상매체의 부정적 영향력 증가
5. 학생 위기유형과 그 원인에 대한 이해 부족
6. 학교폭력 전문상담과 대처 미흡

1. 학생의 인성 및 사회성 함양을 위한 교육적 실천 미흡

- 높은 학업성취 수준에 비해 학생들이 타인과 관계를 원만히 맺고 협력하는 사회적 상호작용 능력이 부족하다.
  ※ 세계적으로 한국 학생의 언어적 · 수학적 소양은 상위수준인 반면, 원만한 타인관계와 협력하여 일하는 능력은 하위 수준이다.
- 학업 스트레스를 해소할 수 있는 감성교육, 신체활동 참여 기회가 부족하다.
  ※ 과도한 스트레스를 받으면 감정을 관장하는 뇌의 민감성이 둔화되어 소통 · 감성능력이 약화된다.

2. 교사가 적절한 생활지도를 하기 어려운 교육여건

- 학교폭력의 양상이 지속적으로 변화하고 있으나, 이에 대응하여 학생을 효과적으로 지도할 수 있는 수단과 관련 제도가 미흡하다.
- 교사 양성 - 임용 - 연수 단계에서 생활지도에 대한 실천적 전문성을 키울 수 있는 프로그램이 부족하다.

3. 보호자의 자녀 교육에 대한 관여 부족

- 자녀와의 대화 · 학교교육 참여 기회가 부족하여 학교폭력으로 인한 이상징후를 즉각 발견하지 못하는 경우가 빈번하다.
- 형제가 없는 한 자녀 가구, 맞벌이 부부가 증가하고 한국사회에 만연한 야근문화 등으로 인해 가정에서의 돌봄 기능이 약화되었다.

4. 인터넷 · 게임 · 영상매체의 부정적 영향력 증가

· 인터넷을 통하여 폭력영화, 만화 등 유해 영상매체에 접근이 용이하여 청소년들의 폭력에 대한 인식이 무뎌지는 경향이 있다.

※ 영상매체(폭력영화, 인터넷, 게임 등)의 학교폭력 영향력을 조사한 결과 영향력이 있다고 대답한 비율이 53.7%로 나왔다.

· 인터넷, 게임 산업을 경제적 · 산업적 관점으로만 접근하여 교육적 시각에서 심의 · 규제하고, 유해성을 자율 자정하려는 노력이 미흡하다.

※ 학교급별 학교폭력의 특징

초등학교

· 장난과 폭력을 구별하지 못하는 경우가 많다.
· 성과 관련된 폭력이 많아 체계적 성교육이 필요하다 : 바지를 벗기거나, 치마를 들추는 등의 사례가 많다.
· 담임교사가 없을 때, 학교폭력이 발생 : 특활시간, 급식, 방과 후 등 담임교사 부재시 학교폭력이 발생한다.
· 기절놀이, 수술놀이, 노예놀이, 왕따대물림 등 새로운 폭력의 유형이 등장한다.
· 선후배 관계를 이용한 폭력 및 금품갈취가 심각하다.

중학교

· 성폭력(성희롱, 성추행)이 자주 발생한다.
· 욕설 등 언어폭력으로 시작해 신체폭력으로 진행되는 사례가 많다.
· 빵 셔틀, 금품상납 요구 등 금품갈취 사례가 많다.
· 장애인에 대한 괴롭힘 및 외모로 인한 집단따돌림이 심각하다.
· 폭력 서클을 통한 금품상납 등 금품갈취 및 신체폭행이 이루어진다.
· 사이버 폭력이 심각하다.

고등학교

· 선후배 간 군기 잡기 금품갈취 등 학교폭력을 행사한다.
· 집단따돌림 및 성폭력(성희롱) 사례가 많다.
· 조직적으로 운영되는 폭력 서클이 존재한다.
· 남학생은 금품갈취와 폭행 등 겉으로 드러나는 사례가 많고, 여학생은 따돌림,

욕설과 같은 은근한 폭력 사례가 많다.
· 기숙사 생활을 하는 학생들의 경우 기숙사 내 금품갈취, 괴롭힘, 심부름과 같은 사례가 있다.

※ 학교폭력에 대한 오해

오해 1. 우리 반에는 학교폭력이 없고, 학생들 간의 사소한 싸움은 학교폭력이 아니다.

교사의 40.6%는 '학교폭력의 수준이 심각하지 않다'고 생각하지만, 학생의 경우에는 33.7%만이 '학교폭력의 수준이 심각하지 않다'에 응답한 결과가 나왔다고 한다. 이것은 학교폭력의 심각성에 대한 교사와 학생의 인식이 다름을 나타낸다. 교사나 어른들에게는 사소하게 보이는 장난, 괴롭힘 등이 당하는 학생들에게는 큰 상처가 될 수 있다. 또한 알면서도 말하지 못하거나 가해를 하고도 행동수정의 기회를 가지지 못한 학생들의 경우, 차후에 큰 문제를 가질 수 있다. 학교폭력 문제는 예방교육과 더불어 학생들이 사소한 싸움을 시작할 때부터 적절한 대처를 해야 한다.

오해 2. 애들 싸움은 애들끼리 해결해야 한다.

일반적인 학생들 간의 싸움은 양쪽이 가지고 있는 힘이 어느 정도 비슷하다. 그러나 학교폭력에서는 피해 · 가해학생 간 '힘의 불균형'이 존재한다. 상대적으로 힘이 약한 피해학생은 폭력을 당한 후에 외부의 상처는 물론 심리 · 정서적인 큰 충격을 겪게 된다. 그러므로 학교폭력이 발생했을 때 교사, 보호자가 개입하여 피해 · 가해학생에 대한 조치를 취해야만 학교폭력을 중단할 수 있다.

오해 3. 학생들은 원래 싸우면서 크고, 그러한 행동은 어른이 되면 없어진다.

흔히 '애들은 원래 싸우면서 커, 다 그러면서 크는 거야'라고 생각한다. 그러나 학교폭력 가해학생의 경우 그대로 두면 폭력성향이 심화되어 성인이 되었을 때, 사회적으로 범죄를 일으킬 위험성이 높아진다. 피해학생의 경우에는 트라우마를 겪거나 자존감에 상처를 받아서 무기력해지는 경우가 있거나 복수심으로 인해 또 다른 폭력을 낳을 가능성이 많아진다. 피해경험은 평생 피해의식으로 남을 수 있으며, 사회나 사람에 대해 부정적인 시각이 생길 수 있다. 따라서 폭력이 발생되었을 때에는 즉각적인 개입이 필요하다.

오해 4. 우리 어렸을 때도 학교폭력이 있었지만, 지금은 다들 잘 산다.

학교폭력 피해 경험을 가지고 있는 사람은 그 아픔을 오래도록 기억한다. 성인이 되어 잘 살고 있는 것처럼 보이지만, 그것은 단지 학교폭력 경험을 말하지 않을 뿐이다. 피해경험은 평생 피해의식으로 남을 수 있으며, 사회나 대상에 대한 부정적인 인식이 생겨서 성인이 되어서도 정상적인 사회생활을 하는데 어려움을 겪을 수 있다.

5. 학생 위기유형과 그 원인에 대한 이해 부족

학생의 위기유형은 크게 세 가지 유형(가정위기, 감정 · 정서위기, 학교위기)으로 분류된다.

가정위기는 정서대화, 경제문제, 가정폭력, 결손 및 조손 가정의 문제들을 포함하고 있고 감정 · 정서위기는 우울, 불안, 충동조절, 스트레스 등의 문제를 포함하고 있다. 이러한 위기들은 학교위기로 나타나는데, 학생의 개인적인 위기유형으로 우울, 불안, 자해, 자살 등의 정신건강적인 양상들과 인터넷 과몰입, 음주 · 흡연의 모습을 보이며, 학생의 사회적인 문제로는 집단따돌림,

도벽, 금품갈취, 학교폭력, 학교부적응, 품행장애, ADHD, 성폭력 등의 사회적 문제들을 야기한다고 볼 수 있다.

세부적인 위기유형들은 다음과 같다.

가. 집단따돌림

가정에서 정서적인 대화의 부족과 학생의 우울성향이 만나면 친구관계의 어려움으로 인해 왕따 및 집단따돌림을 경험할 수 있다.

나. 인터넷 과몰입

가정에서 정서적인 대화의 부족과 학생의 우울성향은 친구 및 대인관계의 어려움에 대한 대리만족으로 인터넷이나 컴퓨터에 과도하게 집착하여 인터넷 과몰입의 문제유형을 나타낼 수 있다.

다. 자해 · 자살

가정에서 정서적인 대화의 부족과 학생의 우울성향은 문제의 상황에서 대처능력이 부족할 때 자해 및 자살 등의 위기유형을 나타낼 수 있다.

자해란 의식적으로 자살을 의도한 것은 아니지만 조직 손상이 일어날 정도로 심각한 부상을 초래한 계획적이고 직접적인 신체조직의 파괴나 변질을 말한다. 자해행위란 자살의 의도와 동기를 인식하면서 자신에게 손상을 입히는 행위이다.

자살이란 스스로 자신의 생명을 끊는 행위를 말한다. 사전적으로 "자기살인"을 뜻하면서 일반적인 뜻으로는 고의로 자신에게 부과하는 죽음이라고 볼 수 있다. 세계보건기구는 "치명적 결과를 초래하는 자해행위"라고 하였고,

에밀 뒤르깽(Emil Durkheim)의 "장차 초래할 결과를 알고서 자신에게 행하는 적극적 또는 소극적 행동으로써, 이는 직접적이거나 간접적인 죽음의 형태를 가진 자신에 대한 살인행위"라고 한 정의가 받아들여지고 있다.

표 Ⅱ-1 자살유형

구분	내용
내향성 자살	성격이 내향적이고 소심한 편으로 학교나 가정에서 문제를 일으키지는 않지만 혼자서 고민이 많고 표현하거나 처리하지 못하면서 고독감과 소외감으로 자살을 시도하는 유형
감정형 자살	격한 감정과 흥분을 이성적으로 억제하지 못하는 동시에 공격성을 외부로 드러내지 않고 충동적으로 자살을 선택하는 경우
정신장애형 자살	불안장애 · 우울장애 · 강박장애 · 히스테리반응 · 식욕부진 · 정신분열증과 같은 정신장애를 앓고 있는 청소년들의 감정이 극단적으로 또는 부적절한 상태가 지속되는 상황에서의 자살시도
신체장애형 자살	외모나 신체에 민감하게 반응하는 청소년기에 자신의 신체기형이나 장애, 또는 신체상을 수용하지 못해서 대인관계에서 심한 열등감으로 인한 자살
문제행동형 자살	비행 · 약물남용 · 가정폭력 · 왕따와 같은 문제들을 보이는 청소년의 경우, 성인들의 엄격한 규율과 제한된 환경에서의 스트레스를 심리적으로 극복하지 못하고 자살하는 형태

청소년기에 경험하는 절망감은 자살을 마지막으로 생각하는 십대들에게 가장 큰 요인으로 작용한다. 이들은 자신에게 닥쳐오는 심각한 위기들을 적절하게 다루기보다 자포자기하기 때문에 자신의 삶의 가치를 하찮게 생각할 뿐만 아니라 다른 사람도 자기를 사랑하지 않는다고 생각하여 고립감에 빠지게 되고 이는 자살까지 끌고 간다.

표 II-2 자해 · 자살의 발생요인

구분	내용
심리적 요인	· **자아존중감** : 자신의 특성에 대한 개인이 부여하는 가치로서, 사람의 행동 특성에 영향을 주어 다른 사람에 대한 태도나 자기의 행동 양식을 결정하기 때문에 사회적인 적응과 관계가 깊다. 개인의 심리적 요인에 중요한 부분이며 부적응 행동의 하나인 자살 원인 등에 영향을 주는 요인으로 볼 수 있다. · **스트레스** : 청소년의 활동을 제한하는 규율시행, 타인에 의한 거부 혹은 모욕, 새로운 환경으로의 이사, 우정이나 애정관계의 종말, 친지나 친구와의 다툼 등 · **우울** : 신체적 변화, 정서적 불안정, 인지적 미성숙, 충동성 조절의 미숙함, 발달과제로 인한 심리사회적인 스트레스
환경적 요인	· **가정환경** : 가족들로부터 소외 내지는 무관심, 자신을 이해하고 인정해주지 않을 때, 특히 역기능적인 가족형태일 경우 · **학교환경요인** : 대인관계의 어려움, 낮은 자아존중감, 선생님과의 적대감, 불신, 낮은 학업성취로 인한 열등감, 교칙위반에 따른 정학 및 퇴학 · **사회적 지지** : 부모의 부족한 지지와 친밀하지 못함 등의 안전하지 못한 가정 분위기, 교사와 또래의 지지 부족과 상호관계 부족
임상적인 요인	· 최근 미국에서 이루어진 청소년 자살에 대한 연구에서도 자살을 성공한 청소년의 81~95%가 정신적인 문제가 있었음이 보고됨. · 남자 청소년의 경우 행동장애와 약물남용의 문제가 여자 청소년에 비해 높게 조사

라. 도벽 · 금품갈취

가정의 경제적인 문제와 학생의 정서적으로 우울과 불안의 문제가 병행되면 도벽 및 금품갈취 등의 위기유형이 나타날 수 있다.

마. 학교폭력

가정의 위기의 다양한 요인이 가정의 폭력 등의 원인이 되고 학생의 충동이 조절되지 않을 때 위기유형인 학교폭력이 나타날 수 있다.

바. 품행장애

가정의 위기의 다양한 요인이 가정의 폭력 등의 원인이 되고 학생의 충동이 조절되지 않을 때 반사회적, 공격적, 도전적 행위를 반복적, 지속적으로 행하여 사회 및 학업 작업 기능에 중대한 지장을 초래하여 위기유형인 품행장애를 일으킬 수 있다.

사. ADHD

가정의 위기의 다양한 요인과 가정의 폭력 등의 원인이 되고 학생의 충동이 조절되지 않을 때 지속적으로 주의력이 부족하여 산만하고 과다활동, 충동성을 보이는 상태의 위기유형인 ADHD가 나타날 수 있다.

아. 학교부적응

가정의 위기에서 부모님의 결손과 여러 가지 문제들로 인한 스트레스가 결합되면 학교생활의 적응과정에 있어서 욕구불만이나 갈등이 심하여 이로 인한 긴장을 해소하기 위하여 학교를 이탈하고자 하는 행위인 학교 부적응의 위기유형이 나타날 수 있다.

자. 성폭력

가정의 위기상황과 감정정서의 위기상황이 만나면 성폭력 등의 위기유형의 문제들이 나타날 수 있다.

차. 음주 · 흡연

가정의 위기상황과 감정정서의 위기상황이 만나면 음주 · 흡연의 위기유형의 문제들이 나타날 수 있다.

카. 우울

슬픈 감정, 외로움 등의 정서적 증상과 죄의식, 무가치감, 사고력 및 주의력 저하, 자살과 같은 인지적 증상, 불면증, 식욕감퇴와 체중 감소, 피로감 등의 생리적 증상을 포함하는 일련의 심리상태를 말하며, 감정정서위기의 중요한 위기유형의 하나이다.

타. 불안

매우 불쾌하며 막연히 불안한 느낌으로 가슴이 두근거리거나 진땀이 나는 등 신체증상과 관련되며 과민성, 안절부절 증상 등을 동반하며 감정정서위기의 중요한 위기유형 중의 하나이다.

6. 학교폭력 전문상담과 대처 미흡

학교폭력 피해를 당한 학생들은 외상 후 스트레스 장애를 가질 수 있다. 이를 치료하기 위해 전문적인 상담과 사후 관리가 중요하다.

피해학생의 후유증 이해

학교에서 학교폭력 사안을 경험한 학생은 신체적 상해가 있는 경우 뿐만 아니라 그렇지 않은 경우에도 불안이나 공포, 무기력감, 분노, 좌절 등 정신건강상의 어려움을 호소할 수 있다. 이는 나중에 학습동기 저하, 결석, 전학, 학업 포기 등의 부정적 결과를 낳을 수 있으므로 세심한 주의와 지도가 필요하다.

가. 신고자에 대한 지도

학교폭력 사안 접수 시, 신고 대상에 따라 적절한 지도가 이루어져야 한다. 학교폭력 사실이 판명되었을 때는 피해학생과 가해학생에게는 개별지도가, 주변학생을 비롯한 전체 학생에게는 전체지도가 필요하다. 또한 학교폭력 사안을 보호자가 먼저 인지하여 신고를 하였을 시에는 보호자에 대한 적절한 대처도 이루어져야 한다.

1) 신고자가 피해학생일 때, 지도방법

(1) 피해학생의 상태 파악과 신변보호

피해상황을 알게 된 교사는 가장 먼저 피해학생의 상태와 신변보호를 생각해야 한다. 학교폭력 사안으로 인해 신체적으로 다친 곳이 없는지 확인하고, 심리적 · 정신적 상태도 확인한다. 또한 학교폭력이 위험이 계속될 것이라고 판단되면, 귀가 시 하굣길이 비슷한 친구들과 함께 귀가하도록 지도한다. 그리고 위험도가 매우 높을 시에는 경호서비스를 연계하여 안전을 확보한다.

(2) 해결자로서의 역할

교사는 사실을 객관적으로 파악하여 방향을 설정하는 해결자로서의 역할을 수행해야 한다. 자칫 피해학생의 주관적인 확인에만 근거해 문제를 지나치게 확대하거나 축소해서는 안 되며, 이야기를 듣고 성급하게 가해학생과 피해학생을 대질시켜서도 안 된다. 이런 일이 한 번 발생하면 피해학생은 더 이상 말하지 못하고 보복으로 폭력의 강도는 더욱 심해질 수 있다.

(3) 상담자로서의 역할

불안한 피해학생의 마음을 정서적으로 지지하는 따뜻한 상담자로서의 역할을 수행해야 한다. 이때 "많이 힘들겠구나", "선생님에게 이야기하는 것은 고자질이 아니야" 등의 말을 해 주면 좋다. 교사는 설령 학생이 말한 학교폭력의 내용이 대수롭지 않게 여겨지더라도 피해학생을 지지해 주면서 공감대를 형성하고, 이야기를 꺼낸 학생에게 어떤 결점이 있더라도 해결을 위해 도와주겠다는 의지를 보여주어야 한다. 이를 통해 학생이 교사에 대해 신뢰감을 갖도록 하며, 학생을 안정시킬 수 있다.

2) 신고자가 주변학생일 때, 지도방법

학교폭력을 목격하거나 인지한 학생이 용기를 내서 신고를 하는 경우가 있다. 이럴 때 신고한 학생을 어떻게 지도해 주어야 하는가?

(1) 신고 행동 칭찬과 협력관계 구축

학교폭력 사안을 인지하거나 목격한 학생이 신고한 경우 그 행동을 칭찬하고 문제해결에 도움을 줄 수 있어야 한다. 책임교사와 담임교사는 신고를 한 학생과 연락처를 공유하여, 비상시에 대비한다.

(2) 다른 목격학생이 있는지 확인하고, 전체 지도하기

학교폭력은 가해학생과 피해학생 당사자들만이 아니라 그것을 방관하거나 무관심하게 지켜보는 친구들끼리의 인간관계나 학급 분위기 등에 크게 좌우된다. 따라서 학교폭력 주위에 있는 숨은 학급 집단의 구조를 바로 보아야 한다.

3) 신고자가 보호자일 때, 대처방법

폭력 피해 징후를 보호자가 먼저 알아채고 학교로 알려 왔을 때, 교사의 입장에서 어떻게 대처해야 하나?

(1) 안심시키고, 믿음을 주기

학교폭력 사안을 피해학생의 부모가 알려 왔을 때, 보호자는 심리적으로 상당히 혼란스러울 수 있으므로 교사가 '자제분께 더욱 관심을 가지고 조사하여 지도하겠습니다'라고 보호자를 안심시켜야 한다. 보호자는 신속하고 적극적인 학교의 대처를 원한다. 심리적으로 예민해진 보호자에게 학교에서 미온적인 모습을 보이면 가해학생 편을 든다거나 은폐한다고 생각할 수 있으므로, 중간중간에 진행 상황에 대해서 연락한다.

(2) 보호자와 협력관계를 유지하기

학교폭력 사안 처리 시, 보호자가 비협조적이거나 학교가 사안처리에 있어 미온적이라고 생각하면 사안 처리에 어려움을 겪을 수 있다. 신고 및 접수 시부터 보호자와 협력관계를 잘 유지하는게 중요하다. 학교폭력 사안처리의 궁극적 목적은 피해·가해학생 모두 안전하게 학교생활을 할 수 있도록 하는 것임을 말해 준다.

나. 학교폭력에 따른 보호자의 대처방법

1) 피해학생 부모의 경우

해야 할 일	해서는 안 되는 일
아이를 응원해 주세요. '절대 네가 잘못한 게 아니야'라며 지지해 주세요. **도움을 요청하세요.** 먼저, 담임교사에게 학교폭력 사실을 알리세요. **증거를 확보하세요.** 예) 문자메시지, 이메일, 음성녹음, 상해진단서 등 **보호해 주세요.** 교문 앞에서 아이를 기다려 주세요.	**아이를 탓하지 마세요.** 학교폭력은 당신 자녀의 문제가 아닙니다. **부끄러워하지 마세요.** 피해사실을 축소, 은폐하지 마세요. **힘든 내색하지 마세요.** 부모가 절망하면 아이는 더 움츠러듭니다. **보복하지 마세요.** 보복으로 아이의 상처를 치료할 순 없습니다. **도피하지 마세요.** 문제회피, 침묵, 전학, 이사는 해결책이 아닙니다.

2) 가해학생 부모의 경우

해야 할 일	해서는 안 되는 일
가해 사실을 확인하세요. 아이와 친구, 교사에게 정확한 경위를 확인합니다. **잘못을 인정하세요.** 아이의 잘못과 부모의 책임을 인정합니다. **진심으로 사과하세요.** 피해학생에게 아이와 함께 사과하고 회복을 지원합니다. **다시 기회를 주세요.** 전문가 상담, 봉사활동 등은 성장의 기회를 제공합니다.	**부인하지 마세요.** 가해사실을 부인하는 것은 또 다른 가해행위입니다. **피해학생을 탓하지 마세요.** 피해학생에게 폭력의 원인을 찾지 마세요. **정당화하지 마세요.** 애들은 싸우면서 큰다며 폭력을 정당화하지 마세요. **회피하지 마세요.** 불안, 걱정과 두려움으로 책임을 회피할 순 없습니다. **포기하지 마세요.** 부모가 자포자기하는 것은 최악의 상황으로 이어집니다.

Ⅲ. 학교폭력 예방법과 폭력사건의 처리

1. 학교폭력 예방 및 대책에 관한 법률의 목적과 특징
2. 피해학생에 대한 보호조치(학교폭력예방법 제16조)
3. 가해학생에 대한 징계조치(학교폭력예방법 제17조)
4. 학교생활기록부 반영(학교생활기록 작성 및 관리지침
5. 교내 분쟁조정은 이렇게 한다
6. 소년사건의 형사처분

1. 학교폭력 예방 및 대책에 관한 법률의 목적과 특징

제정 : 법률 제7119호 2004. 1. 29 (11차 개정)

- 피해학생의 보호, 가해학생의 선도 · 교육 및 피해학생과 가해학생 간의 분쟁조정을 통하여 학생의 인권을 보호하고 학생을 건전한 사회구성원으로 육성함을 목적으로 한다.
- 학교 내외에서 발생하는 학생을 대상으로 하는 폭력에 적용되는 일반법으로서 형사 · 민사상의 절차와는 별개로 반드시 적용해야 하는 법이다.
- 학생 간의 분쟁을 사법처리 이전에 교육적으로 해결하고자 한다.
- 학교 내에서 가해자 및 피해자에 대한 신속한 조치로 2차 피해를 방지한다.

가. 교사의 대처방안 3단계

- 사전관리 : 위기발생을 사전에 예측하여 방지
- 발생 시 관리 : 위기 발생 직후 피해를 최소화한다. 신속한 해결을 한다. 안전상태로 조기 회복한다.
- 사후 관리 : 2차 피해와 재발방지를 위한 대책을 수립한다. 위기교육활동을 한다.

1) 사전관리의 단계 (예방교육, 학교폭력예방법 제15조)

- 학생과 교직원에 대한 교육: 학기별 1회 이상 실시한다.
- 수시교육, 집중교육, 주기적 교육: 대처자세를 생활화한다.
- 학부모에게 예방교육 홍보물 배포: 연 1회 이상 실시한다.

(1) 예방교육의 내용(주요내용)

· 학교폭력의 개념, 학교폭력 발생 시 처리
  - 특히 학교폭력은 범죄임을 명확히 주지시켜야 한다.
· 피해학생은 초기에 적극적으로 도움을 요청하도록 한다.
  - 부모, 교사, 친구, 국번 없이 117번으로
· 학교폭력 목격자는 법률상 신고 의무가 있다.
  - 적극적으로 개입(멈춰 - STOP), 신고, 피해자와 친구 되기 등이 있다.

학교폭력 예방교육을 학기별로 반드시 1회 이상 실시하여야 하는데 시간, 강사 선정, 강사료, 강의방식 등은 학교 실정에 따라 결정하되, 전체 학생 대상 특강 방식은 지양하고 학급단위로 실질적인 교육이 이루어지도록 계획해야 한다. 각 시 · 도 교육감은 각급 학교의 예방교육 계획 및 실시 여부에 대해 확인 점검해야 한다.

실질적인 예방교육은 학생뿐만 아니라 학부모와 교사에게도 실시해야 하며, 특히 학부모들은 일과 후 저녁 시간으로 계획하여 참여도를 높이고, 가정통신문과 이메일을 통한 간접교육도 병행한다. 교사의 경우는 교육청에서 주관하는 직무연수에 참가하거나 학교자체 연수를 실시한다.

(2) 예방상담

· 표면화되지 않은 피해자 발견 : 확대방지 · 개입
· 전문적 상담교사 배치 : 담임교사 역할 중요
· 개개인 학급 생활 파악 : 선도 필요 학생 적극적 면담

예방상담은 문제를 발견하고 그 문제의 심각성을 평가하며 문제가 더 심각해지는 것을 막기 위해 예방적 개입을 하는 것이다. 또한 이미 일어난 학교폭력 문제에 연루되어 있으나 아직 크게 표면화되지 않은 침묵하는 피해자나

잠재되어 있는 문제점을 발견하여 더 큰 문제로 확대되는 것을 방지하기 위해 개입하는 것 또한 큰 비중을 차지하게 된다.

학교폭력 예방에 있어 학생을 가장 가까이에서 관찰할 수 있는 담임교사의 역할이 가장 중요하다. 담임교사들은 세심한 관심을 가지고 선도가 필요한 학생을 파악하고 개인상담으로 학생 개인이 겪고 있는 학급생활의 어려움과 적응 상태를 알아야 하며 학급 분위기를 파악하여 학생 개인이 학급에서 어떠한 위치에서 생활하고 있는지 알아야 한다.

2) 발생 시 관리의 단계

- 학교폭력 발생 시 부정적인 이미지를 우려하여 사건을 은폐하려는 경우가 다수 발생한다. 그러면 교사의 책임문제가 발생한다.
- 특히 선도위원회나 징계위원회를 열어 대신하려고 하기도 하나 법적 절차에 따라 자치위원회를 열어서 사건을 처리해야 한다.
- 설치기구를 통한 해결이 어려운 경우 수사기관에 의뢰하는 방안도 고려해야 한다.

실제 학교에서는 학교폭력의 부정적인 이미지로 인하여 학교폭력을 가능하면 숨기거나 은폐하려는 경우가 많다. 학교폭력 사건 처리 건수에 따라 좋은 학교와 나쁜 학교를 선별하려는 기준이 된다고 생각하고, 특히 자치위원회를 소집하게 되면 자치위원회의 외부위원에게 학교의 치부를 알리게 된다는 생각으로 학생선도위원회나 징계위원회를 열어 문제를 처리하려고 하는 경우도 있다. 그러나 이는 명백히 실정법을 위반하는 행위이므로 법적 절차에 따라 자치위원회를 열어서 사건을 처리해야 한다. 진실규명 등이 어려운 경우에는 오히려 수사기관에 의뢰하여 학교폭력의 진상을 명확하게 규명하는 방안도 고려해야 한다.

3) 사후관리의 단계

(1) 피해학생

- 수호천사
- 등 · 하교 함께하기
- 전문상담기관 소개

학교폭력전담기구와 협의하여 피해학생의 신체적 · 정신적 피해가 조속히 치유될 수 있도록 최우선적으로 지원해야 한다. 우선 피해학생을 위한 프로그램으로는 '수호천사' 프로그램이 있을 수 있다. '수호천사'는 동급생이나 상급생을 짝지워 주어 항상 챙겨줄 수 있도록 하는 방법이다. 학부모나 교사, 수호천사가 직접 등하교를 시켜 주는 것도 좋은 방법이다. 전문상담기관을 소개시켜 주어 학교폭력으로 받은 정신적인 문제를 해결할 수 있도록 도와줄 수도 있다.

최근 발표한 학교폭력 근절 종합대책의 내용 중 ① 기존 '학교폭력예방법'에 있던 피해학생 '전학 권고' 규정을 삭제, ② 학교장이 학교폭력 발생 인지 즉시 피해학생이 심리상담과 일시보호를 받을 수 있도록 조치, ③ 심리상담, 치료, 일시보호에 필요한 비용은 자치위원회를 거쳐 피해학생이란 사실 확인이 이루어진 경우 학교안전공제회 또는 시 · 도교육청이 부담하고 이를 가해학생의 부모에게 구상하게 하여 신속한 지원 가능, ④ 가해학생과 피해학생의 학급분리 배정이 가능해졌다.

(2) 가해학생

- 지역인사 멘토제
- 사제동행 등산

· 학부모 봉사

· 운동팀 구성 등이 있다.

가해학생을 위한 프로그램은 '지역인사 멘토제', '사제동행 등산', '학부모 봉사' 등이 있다.

'지역인사 멘토제'는 가까운 곳에서 항상 지켜보며 가해학생을 발전적인 방향으로 이끌어 줄 수 있는 지역인사를 선정해 주는 방법이다.

'사제동행 등산'은 가해학생과 교사 사이의 친밀감을 유지하고 관계를 돈독히 함으로써 행동을 수정할 수 있도록 유도하는 방법이다.

'학부모 봉사'는 가해학생이 처벌로 사회봉사 등을 명령받았을 때, 가해학생의 부모도 봉사활동에 함께 참여하도록 하는 것이다. 깊게 참회하는 부모의 모습으로부터 아이들도 반성하기 시작한다.

또 가해학생 및 선도가 필요한 학생을 모아 운동팀을 구성하여 교내 · 외 경기를 진행하게 하는 것도 좋은 방법이다. 운동을 통해 스트레스를 발산하고, 규칙준수와 소속감, 애교심을 고양시켜 학교생활에 충실히 임할 수 있도록 유도할 수 있다.

시 · 도 교육감은 가해학생 재활프로그램을 필수 운영하고, 학부모 동의 없이 가해학생에 대한 심리치료를 실시할 수 있다.

표 Ⅲ-1 학교폭력 사안 대응 요령 - 사건 발생시 처리 절차

단계	처리내용	비고
폭력사건 발생인지	사건현장 목격, 117신고센터 통보, 신고 등을 통해 사건발생을 인지한 교사, 학생, 학부모 등은 학교폭력 전담기구(책임교사 등)에 신고	
신고접수 및 학교장 보고	· 학교폭력 전담기구는 신고된 사안을 신고대장에 반드시 기록하고, 학교장, 담임교사에게 보고하고, 가 · 피해학생 학부모에게 통지 · 사안이 중대한 경우, 학교장 및 자치위원장에게 즉시 보고	학교폭력 전담기구

단계	처리내용	비고
즉시조치	• 피해학생과 가해학생 즉시 격리 • 신고 · 고발한 학생도 피해학생의 수준에서 가해학생으로부터 보복행위를 당하지 않도록 조치 〈피해학생〉 • 「아동 · 청소년의 성보호에 관한 법률」에 따라 성폭행에 대해서는 반드시 수사기관에 신고하고, 성폭력 전문상담기관 및 병원을 지정하여 정신적 · 신체적 피해 치유 • 피해학생의 신체적 · 정신적 피해를 치유하기 위한 조치 실시 〈가해학생〉 • 2인 이상의 학생이 고의적 · 지속적으로 폭력을 행사하는 경우 등에 해당하는 사안이라면 학교장은 가해학생에 대해 출석정지 • 가해학생의 선도가 긴급한 경우, 「학교폭력 예방 및 대책에 관한 법률」 제17조 제4항에 따라 학교장은 가해학생에 대한 조치를 취한 후, 자치위원회에 즉시 보고하여 추인	학교장 학교폭력 전담기구 담임교사
사안조사	• 학교폭력 전담기구에서 구체적인 사안조사 실시 – 가 · 피해학생 면담, 주변학생 조사, 설문조사, 객관적인 입증자료 수집 등 • 가 · 피해학생 심층상담 • 조사한 결과를 바탕으로 가해자와 피해자 확정 • 성폭력의 경우 비밀유지에 유의	학교폭력 전담기구 담임교사
가 · 피해학생 부모면담	• 조사결과에 대해 부모에게 알리고, 향후 처리 절차 등에 대해 통보	담임교사
처리방향 심의	• 자치위원회 개최 시기 결정	학교폭력 전담기구
처리방향 결정	• 전담기구의 심의 결과를 바탕으로 자치위원회 개최 요구	학교장
자치위원회 개최 및 조치	• 가해학생 및 보호자에게 의견진술의 기회를 부여하는 등 적절한 절차를 거쳐야 함 • 자치위원회를 개최하여 가 · 피해학생에 대한 조치 결정	자치위원회
결정통보 및 재심안내	• 자치위원회의 결정을 가해자와 피해자 및 그 보호자에게 통보 • 통보시 재심을 받을 수 있는 방법 안내	학교장
조치실행 및 사후관리	• 학교장은 자치위원회의 조치 요청이 있는 경우, 14일 이내에 해당 조치를 해야 함 • 가해학생과 그 보호자가 조치를 거부하거나 회피하는 경우	학교장 담임교사 전 교원

단계	처리내용	비고
	관련 법령에 따라 징계 또는 재조치 • 교육감에게 조치 및 그 결과 보고 ※ 학교폭력예방 및 그 대책에 관한 법률 제19조 • 가 · 피해학생이 안정적인 학교생활을 할 수 있을 때까지 심리치료, 재활치료, 생활지도 등 실시 • 가 · 피해학생 소속 학급, 필요시 학생 전체를 대상으로 학교폭력예방 교육 실시	

(3) 학교폭력 초기 대응

□ 학교폭력 현장 목격 시

학교폭력 사안발생 ☞ 관련학생 안전조치 ☞ 학부모 연락 ☞ 피 · 가해 학생 상담 ☞ 전담기구 사안조사

※ 학교폭력 발생시 학교에서 대처한 내용을 반드시 문서(기록)로 만들어 두는 것이 필요하다.

○ 신속한 판단 및 응급조치 : 응급조치, 병원 이송여부 판단

○ 병원검사 및 진단 : 실신하거나 머리를 부딪힌 경우는 병원검사 반드시 실시

○ 보고 : 학교 및 해당 학부모에게 상황을 보고하고 조치사항을 구체적으로 알림

○ 학교폭력 사안의 확대 및 왜곡 방지를 위해 올바른 초기대응 필요

○ 정확하고 충분한 증거 확보를 가능케 하여 분쟁을 최소화할 수 있음

> 1399(응급의료정보센터)
> · 병원의 의료진 및 병상, 의료장비 등을 실시간으로 파악해 환자에게 적합한 병원을 안내함(구급차 출동, 시도 설치)
> · 전문상담요원과 상담의사가 24시간 상주하여 응급처지 지도

□ 학교폭력 신고를 받았을 시

신고서 작성 · 접수	☞	신고대장 기록	☞	사건 보고	☞	접수 공지	☞	전담기구 사안조사

□ 학교폭력 사안 인지 시

학교폭력 감지 · 인지	관련학생 관찰 · 면담	사안 보고	사안 통보
전교직원의 노력 ☞	감지 → 관찰 면담 → 인지 ☞	사안 인지시 전담기구 소속교사에게 신고 ☞	학부모에게 학교폭력 사안 통보

□ 학교폭력 초기대응 후 절차

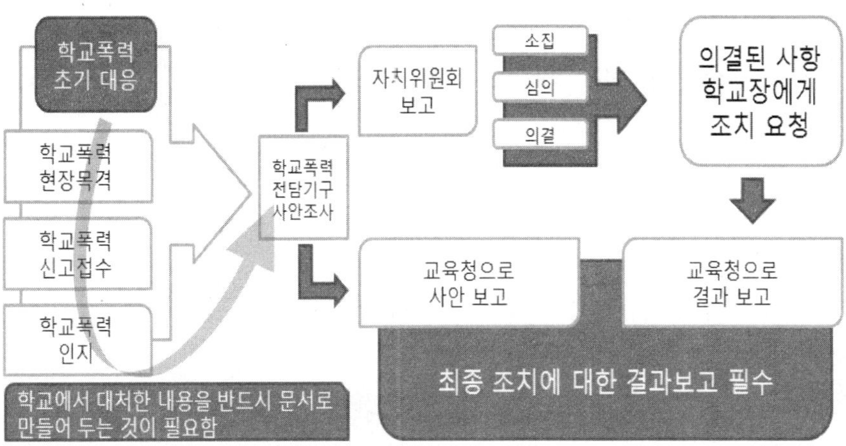

나. 학교폭력예방법상 설치기구

- 국무총리실 : 학교폭력 대책위원회
- 시/도 : 학교폭력대책 지역위원회
- 시/군/구 : 학교폭력대책 지역협의회
- 시 · 도 교육청 : 학교폭력예방 및 대책담당 전담부서
- 학교 : 학교폭력대책 자치위원회, 학교폭력담당 전담기구

1) 설치기구 중 학교폭력대책자치위원회가 하는 일

- 학교폭력 예방 및 대책을 위한 체계구축
- 피해학생의 보호, 가해학생에 대한 선도 및 징계
  - 징계에 대한 결정사항을 학교장에 요청, 학교장이 징계 부과
- 분쟁조정 기능
  - 손해배상 관련 합의 조정
  - 분쟁조정 관련사항 조사기능
  - 분쟁조정이(재판상) 화해의 효력은 없다.

2) 설치기구 중 학교폭력전담기구가 하는 일

- 학교폭력 사안 발생 시
  - 학교폭력 신고 접수 및 피해학생 학부모에게 통보
  - 학교폭력 사안조사
  - 학교폭력대책자치위원회 개최 전 사전 심의
  - 집중 보호 또는 관찰 대상 학생에 대한 생활지도
- 학교폭력 예방활동
  - 학교폭력 실태조사 등

2. 피해학생에 대한 보호조치(학교폭력예방법 제16조)

가. 심리상담 및 조언

전문상담가들의 심리치료를 통해 학교폭력으로 받은 정신적 충격을 극복할 수 있도록 도와 준다. 학교폭력이 심해서 학교생활에 적응하지 못하는 경우 대인관계 향상 치료까지 가능하다.

나. 일시보호

지속적인 폭력이나 보복을 할 우려가 있는 경우 일시적으로 보호시설·집·학교상담실 등에서 보호를 받을 수 있다.

다. 치료 및 치료를 위한 요양

학교폭력의 경우 심리상담으로는 부족할 경우도 있다. 이런 경우 피해학생이 의료기관에 입원을 하거나 통원치료를 하면서 심리적·신체적 진료나 치료를 받게 한다.

라. 학급교체

일시보호 이외에도 학급 내에서의 지속적인 폭력이 발생할 경우 가해학생의 학급 교체와 함께 피해학생의 학급을 교체할 수 있다. 이는 피해학생과 가해학생을 격리하기 위한 조치이다.

마. 그 밖의 필요한 조치

학교폭력대책 자치위원회에서 피해학생에게 필요한 다른 조치들도 할 수 있도록 규정하였다.

3. 가해학생에 대한 징계조치(학교폭력예방법 제17조)

<table>
<tr><td>서면사과</td><td></td></tr>
<tr><td>피해학생 및 신고 · 고발학생에 대한 접촉, 협박 및 보복행위 금지</td><td rowspan="3">특별교육 또는
심리치료 의무화</td></tr>
<tr><td>학교에서의 봉사, 사회봉사</td></tr>
<tr><td>출석정지, 학급 교체, 전학</td></tr>
<tr><td>학내 외 전문가의 특별교육 이수 또는 심리치료</td><td></td></tr>
<tr><td>퇴학처분</td><td></td></tr>
</table>

가. 서면사과

가해학생이 피해학생에게 서면으로 그 동안의 학교폭력에 대해 사과하도록 한다. 사안이 경미하다면 1차적으로 사과를 통해 서로 화해하는 것이 좋다.

나. 피해학생 및 신고 · 고발학생에 대한 접촉, 협박 및 보복행위 금지

피해사실을 학교에 알렸다고 해서 피해학생이나 신고 · 고발학생에게 더 심한 폭력을 행사하는 경우가 많다. 따라서 피해학생이나 신고 · 고발학생에 대해 접촉이나 협박을 금지하게 할 수 있다. 가정폭력을 당한 배우자를 보호하기 위해서 법원이 "00의 100m내 접근을 금지한다."는 접근금지명령을 내리는 것처럼 구체적인 상황을 고려하여 조치하게 된다.

다. 각종 특별교육 또는 심리치료

전문가에 의한 특별교육을 받게 하거나 폭력적 행동을 스스로 제어하지 못하는 경우에는 심리치료를 받도록 할 수 있다.

라. 봉사명령, 출석정지, 학급교체 및 전학

가해학생이 학교 내 혹은 사회에서 봉사하도록 명할 수 있다. 또한 피해학생을 보호하기 위해 일정기간 가해학생의 출석을 정지시키거나 반을 바꿀 수 있고 심하면 전학을 보낼 수도 있다.

마. 퇴학처분

중학교 교육과정은 의무교육이기 때문에 불가능하지만 고등학교의 경우 다른 징계로도 상황이 해결되지 않는다면 최후의 방법으로 가해학생을 퇴학시킬 수도 있다.

※ 피해학생이나 신고·고발학생에 대한 협박 또는 보복 행위로 자치위원회가 학교의 장에게 가해학생에 대한 조치를 요청할 때 각각의 조치는 병과할 수 있고, 특히 나, 라의 처분을 받은 가해학생은 특별교육을 이수하거나 심리치료를 받아야 한다. →가해학생이 특별교육을 이수할 경우 보호자도 함께 교육을 받아야 한다. 이를 위반하면 300만 원 이하의 과태료가 부과된다.

〈선도조치가 긴급한 경우〉

서면사과	평상시에는 학교폭력대책자치위원회 결정에 의한 처리. 학교장은 선도가 긴급한 경우 선 조치 후 자치위원회의 추인처리 가능
피해학생 및 신고 · 고발학생 접촉, 협박, 보복 금지	
교내봉사	
각종 특별교육과 심리치료	
출석정지	
사회봉사, 학급교체	자치위원회 결정에 의한 처리(긴급시에도 선조치 불가)
전학, 퇴학처분	

4. 학교생활기록부 반영(학교생활기록 작성 및 관리지침(훈령 239호) 개정)

① 학교폭력대책자치위원회의 조치사항을 ‘학적사항’, ‘출결 상황의 특기사항’, ‘행동특성 및 종합의견’란에 기재한다.

② 학교폭력대책자치위원회의 조치 이후 학생의 긍정적인 변화 모습이 있을 경우 ‘행동특성 및 종합의견’란에 핵심 인성요소별로 함께 기재해 줌으로써 낙인효과를 예방한다.

③ 기재된 내용은 학생이해와 지도에 활용하여 상급학교 진학 시 자료로 제공한다.

5. 교내 분쟁조정은 이렇게 한다.

① 피해학생, 가해학생 또는 그 보호자가 학교폭력대책자치위원회 또는 교육감에게 신청한다.

② 신청을 받은 날로부터 5일 이내에 분쟁조정을 시작한다.

③ 분쟁조정 관련사항 조사 및 손해배상 관련 합의를 조정한다.

④ 분쟁 당사자 중 일방이 조정을 거부하거나 고소 · 고발 · 민사상 소송을 제기하면 중지한다.

⑤ 1개월 이내 조정이 성립하지 않으면 종료한다.

피해학생이나 가해학생 측에서 분쟁조정을 요청하는 경우는 요청한 날로부터 5일 이내에 자치위원회를 개최하여 분쟁조정을 위하여 노력하게 된다. 하지만 1월 이내로 합의가 이루어지지 않으면 학교에서는 더 이상 분쟁조정을 할 수가 없으며, 민사소송 등으로 해결하게 된다. 이때 학교에서는 피해학생 학부모에게 절차를 안내하며 법률구조공단이나 변호사를 선임하여 소송을 진행하도록 안내한다. 분쟁조정 결과는 교육감에게 보고하고 관련기관에 정보를 제공해야 한다.

〈분쟁조정 절차 개요〉

ㅁ 분쟁조정의 신청

○ 피 · 가해학생 측에서 학교폭력대책자치위원회의 조치 결과에 대해 이의를 제기하는 경우와 손해 배상에 관련한 합의를 하고자 할 때

분쟁당사자의 조정 신청	조정권한이 있는 자치위원회에 분쟁조정 신청 (5일 이내 개시)
↓	
일시 · 장소 통보	분쟁조정을 거부 · 중지할 경우에는 그 사유를 분쟁당사자에게 통보
↓	※ 분쟁 조정의 거부 중지: 당사자 일방의 거부(분쟁조정 불출석) 고소 · 고발 및 민사상 소송 제기 분쟁조정의 내용이 거짓 · 허위
분쟁조정 개최	
↓	
개최알림	위원장이 분쟁조정 회의 개최 알림
↓	
분쟁조정 개요안내	분쟁조정 회의목적, 진행절차, 주의사항 전달: 학교폭력책임교사

사안조사 및 문제의 쟁점 보고	사안조사 결과보고와 함께 갈등 및 손해배상 등의 쟁점사항 보고: 학교폭력 책임교사
피해학생 측 사실보고 욕구 진술	피해학생 측의 요구사항과 욕구 조정 가능성 탐색
가해학생 측 사실보고 욕구 진술	가해학생 측의 요구사항과 욕구 조정 가능성 탐색
자치위원의 중재안 논의	자치위원들 간의 협의를 통해 중재방안 논의
피 · 가해학생 측 욕구 조정	피 · 가해학생 측 단독면담을 통한 욕구 조정
분쟁의 조정	당사자 간의 자발적인 합의 권고 조정권자의 조정안 제시(법적 · 의료적 근거 제시)
분쟁 조정 종료	분쟁조정 개시 후, 1개월이 지나도 조정이 되지 않을 경우 조정 종료 ※ 분쟁조정이 성립되지 않은 경우: 법적절차 안내 수사기관에 조사결과 전달여부 결정
분쟁 조정의 결과처리	합의서 작성 후 당사자 통보 교육감(교육청)에게 결과 보고

6. 소년사건의 형사처분

소년사건의 형사처분은 소년보호제도, 보호처분, 형사처벌로 한다.

가. 소년보호제도

보호처분할 사건으로 죄를 범한 소년, 형법 법령을 어긴 12세 이상 14세 미만 소년을 보호하는 제도이다.

나. 보호처분(소년법)

- 개선가능성이 많은 소년에 대해 처벌하기보다는 보호 · 교육하여 사회에 복귀시킨다.
- 장래에 영향을 미치지 않는다.
- 수사경력자료로 관리한다(소년보호사건으로 표기).

다. 형사처벌(형법 등)

- 범죄에 상응한 처벌 / 특히 자유형은 범죄자를 격리 교정하여 재범을 예방한다.
- 형의 실효 등에 관한 법률을 적용한다.
- 범죄경력자료로 관리한다.(구체적인 형명 · 형기 표기)

사건이 중대하지 않거나 교화 · 교육상 소년법으로 처벌하는 것이 적절한 경우 경찰, 검찰, 법원은 학교폭력 사건을 가정(또는 지방)법원 소년부로 보낸다. 이렇게 보내진 사건에 대해 가정(또는 지방)법원 소년부에서는 소년분류심사원에서의 분류심사 결과를 바탕으로 심사를 하여 가해학생에 대해 보호처분을 선고하게 된다. 소년분류심사원은 소년보호사건을 조사 또는 심리함에 있어서 의사, 심리학자, 교육자 등의 전문가들이 문제된 소년을 수용하여 소년의 자질을 분류 · 심사하여 법원에 그 결과를 보내 주어 재판자료로 사용하도록 하고 있다. 여기서의 보호처분이 일반 형사절차와 다른 것은 벌금, 징역 같은 일반 형벌이 선고되는 것이 아니라 소년법상의 보호처분이 내려진다는 점이다.

Ⅳ. 학교폭력 대처법

1. 자녀에게 아픔이 있다면
2. 민 · 형사소송을 하나로
3. 자녀가 가해학생이면
4. 자녀가 피해자도 가해자도 아니라면?(내 아이와 상관없는 일?)
5. 자녀를 진단해 봅시다(우리 아이들에게 무슨 일이?)

1. 자녀에게 아픔이 있다면

가. 피해의 인지

통계에 따르면 학교폭력의 피해학생이 문제를 해결하기 위해 선생님이나 부모에게 말한 경우는 26.1% 밖에 되지 않는다. 따라서 부모는 사전에 자녀의 학교생활에 관심을 가지고 학교폭력 식별징후를 인지하여 대처해야 한다.

나. 공감

피해자녀가 어려움을 이야기하기란 결코 쉬운 일이 아니다. 따라서 자녀가 어려움을 스스로 털어놓았을 때는 일단 수용하며 편견 없이 들어주고 적극적으로 반응해 주는 것이 중요하다. 특히 잘잘못을 따지지 말고 피해의 사실, 아픔, 상처에 깊이 공감해야 한다. 자녀의 고통에 공감해 주는 것만으로도 큰 위안과 정신적인 치유가 될 수 있기 때문이다. 이 때 지나치게 흥분하여 감정적으로 반응하는 것은 문제를 해결하는 데에 도움이 되지 못한다. 피해학생은 문제가 해결된 이후 학교를 계속 다니면서 선생님 · 친구들과 생활을 해야 하므로 자신의 고통을 가능하면 진통 없이 잘 해결해 주기를 원한다. 따라서 사건에 대해 신중하게 생각하고 문제의 해결과정에서도 자녀의 의견을 수렴할 필요가 있다.

다. 물증의 확보

피해사실을 알았다면 물증을 확보해야 하는데 이는 학교 측에서 피해상황을 편견 없이 객관적으로 받아들이고 조치할 수 있게 해줄 뿐만 아니라 법률적 증거로도 활용될 수 있다. 교사가 증거 수집을 위해 노력할 수도 있지만 교사에게는 가해학생도 제자이기 때문에 학부모와는 입장이 다를 수밖에 없다. 따라서 효과적으로 교사의 협조를 구하는 지름길은 치밀한 사전 준비와 물증 위주의 증거제시이다. 또 충분한 증거를 제시하며 타협의 매개로 활용한다면 가해자 측의 사과와 배상을 이끌어 내는 것도 어려운 일은 아닐 것이다.

2. 민 · 형사소송을 하나로

가. 배상명령제도

교내분쟁조정 과정에서 해결이 어려운 경우 종국적으로는 소송으로 다투게 되는데 이 때 피해자가 형사재판 과정에서 간편한 방법으로 민사적인 손해배상명령까지 받아 낼 수 있는 제도이다(소송촉진 등에 관한 특례법).

나. 배상명령 신청을 할 수 있는 손해배상의 범위

당사자 간 손해배상액이 합의된 경우 이외에는 범죄 행위로 인하여 발생한 직접적인 물적 손해 및 치료비 · 위자료 손해만이 인정된다.

다. 배상명령 절차 및 효과

사건을 심사하는 법원에 배상명령신청서를 제출하거나 피해자가 증인으로 법정에 출석할 때 법정에서 말로써 배상명령신청을 할 수 있다.

배상명령이 쓰인 유죄판결문은 민사판결문과 같은 효력을 가지게 되어 강제집행도 할 수 있으나, 일단 배상명령이 있었다면 이를 다시 신청하거나 인정된 금액 범위 내에서 민사소송을 제기할 수는 없다. 배상명령에 불만이 있으면 유죄판결에 대하여 상소하거나 상소제기 없이 배상명령에 대하여만 즉시 항고를 할 수 있다.

라. 인적 손해배상의 범위

1) 재산적 손해

- 적극적 손해 : 치료비, 간병비(스스로 움직이지 못해 다른 사람이 도와주는 경우), 장례비 등
- 소극적 손해 : 피해학생이 사망하거나 노동력을 완전히 상실한 경우 장래 기대수익(피해자의 실제소득을 산정하기 어려우면 통계소득을 포함한 추정 소득에 의하여 평가)

2) 정신적 손해(위자료)

생명, 신체, 자유 또는 명예 등을 침해당한 경우, 미성년자의 경우 소득연령에 도달할 때까지 상당한 기간 일실수입이 인정되지 않기 때문에 이런 사정을 참작하여 위자료의 증액을 인정하기도 한다. 또한 형사합의금을 위자료의 참작 사유로 삼는 경우에는 합의금액의 1/2 정도를 공제하기도 한다.

3) 위자료 산정 기준

(1) 총액기준방법

사망 또는 노동능력을 100% 상실하고 피해자 과실이 전혀 없는 경우 피해자의 전체 위자료 최대액수 합계를 8,000만 원으로 하고, 구체적인 사안에 따라 기준금액 8,000만 원에서 피해자의 과실비율을 공제하고 제반 증감요소를 고려하여 피해자 측 전체의 위자료 합계를 구한 후 이를 피해자 본인 및 친족에게 배분한다.

(2) 개인별 기준방법

사망 또는 노동능력을 100% 상실하고 피해자 과실이 전혀 없는 경우 피해자 본인의 위자료 최대 액수를 3,000만 원으로 하고, 구체적인 사안에 따라 기준금액 3,000만 원에서 피해자의 과실비율을 공제하고 제반 증감요소를 고려하여 피해자 본인의 위자료를 정하고, 피해자의 친족은 이러한 피해자 본인의 위자료액을 기준으로 신분관계에 따라 일정한 비율로 정한다.

3. 자녀가 가해학생이면

가. 가해의 인지

냉정하고 객관적으로 상황을 인지하고, 자녀가 폭력을 행사한 주변 상황과 근본 원인(일시적인 것인지 혹은 오랜 구조적인 것인지)을 정확하게 파악하여야 한다. 더 이상 괴롭히지 않게 하는 것이 더 중요하므로 감정에 따라 화만 낼 것이 아니라 신중하게 반응해야 한다.

나. 성향변화 유도

- 폭력의 원인과 결과를 파악한 후 사안별 지도방법(선도나 처벌)에 따라 전문기관에 상담을 의뢰하여 지도를 받는다.
- 자녀에게 피해학생의 피해상황과 고통을 객관적으로 알려주고 피해학생과 입장을 바꾸어 생각해 보도록 한다. 상대방의 인권을 존중하고 사회규칙을 준수하도록 지도한다.
- 분노를 조절하여 화가 났을 때는 다른 건강한 방법으로 표현할 수 있도록 한다. 어떤 경우에도 폭력은 범죄이고, 정당한 폭력은 없다는 것을 반복적으로 가르쳐야 한다.

다. 친구관계 변화 유도

- 자녀가 자기중심적인 사고에서 벗어나 친구들을 생각하고 협동·배려하면서 교우관계를 만들어 나갈 수 있도록 도와주어야 한다.
- 주변에 폭력적인 환경요소가 있는지 확인하여 이를 제거하도록 하며, 정기적으로 학교생활을 점검해야 한다.
- 만약 일진회와 관계가 있다면 문제가 매우 심각한 상황이므로 필요하면 이사나 전학을 고려하고 자녀의 생활을 철저히 감독해야 한다.

4. 자녀가 피해자도 가해자도 아니라면?(내 아이와 상관없는 일?)

학교폭력 현장을 보거나 그 사실을 알게 된 자는 학교 등 관계 기관에 이를 즉시 신고하여야 한다(「학교폭력 예방 및 대책에 관한 법률 제20조 제1항」).

- 학교폭력에 대한 신고의무는 교사·학생뿐만 아니라 모든 국민에게 주어진 법률상 의무이다.
- 학교폭력은 더 심각해지기 전에 피해자·가해자·학교 모두를 위하여 빨리 알려지고 신속하게 조치되는 것이 중요하므로 학교폭력을 보거나 알고 있으면서도 방관하는 것은 이러한 취지의 법률상 의무를 이행하지 않는 것이다.

가. 학교폭력의 고통 속에 있는 친구를 위해 어떻게 해야 할까?

- 친구의 학교폭력을 외면하지 않는다.
- 친구를 대신하여 선생님께 신고하여 도움을 요청한다.

· 친구를 대신하여 상담 전화를 한다(국번 없이 117).
· 다른 친구들과 힘을 합쳐 피해학생을 돕는다.

※ 학교폭력은 학창시절의 문화가 아니라 범죄행위이다.

나. 학교폭력 신고센터 일원화

· 학교폭력 신고 대표전화를 경찰청 "117"로 통합하여 24시간 운영
· 1개소에 3～6명이 한 팀이 되어 상시 근무하며 학교폭력 신고접수 및 상담기관 연계 · 배분 실시
· 신고센터는 접수된 학교폭력 사안의 경중을 판단하여 경찰청 또는 학교폭력 원스톱지원센터(Wee센터, CYS-Net)로 사건을 이송
· 경찰청 및 학교폭력 원스톱지원센터(Wee센터, CYS-Net)는 신고센터로부터 이송을 받은 사안의 최종처리 결과를 해당 학교 및 학교폭력신고센터에 통보
· 통보를 받은 학교의 장은 학교폭력대책자치위원회를 소집하여 심의를 거쳐 사건을 처리

5. 자녀를 진단해 봅시다(우리 아이들에게 무슨 일이?)

가. 우리 아이도?(피해학생의 징후)

부모는 아이들이 피해자라는 사실을 알지 못하다가 나중에 상황이 심각해지고 나서야 알게 되는 경우가 많다. 따라서 학부모는 우리 아이가 학교폭력의 피해를 입고 있지 않은지 평소 자녀의 행동을 관심 있게 지켜보아야 한다.

- 학교와 관련된 일에 흥미를 잃고 있다.
- 학교에서 돌아온 후 우울해하거나 힘이 없어 보인다.
- 이유 없이 학교에 가기 싫어하며 전학을 요구한다.
- 용돈이 모자란다고 하거나 말없이 집에서 돈을 가져간다.
- 운동화, 비싼 옷, 안경 등 물건을 자주 잃어버린다.
- 옷이 더럽혀져 있거나 소지품이 손상되어 있다.
- 잠을 잘 자지 못하거나 악몽을 자주 꾼다.
- 매사에 의욕이 없으며, 식욕부진 등이 나타난다.
- 친구들과 잘 어울리지 못한다.
- 친구의 심부름을 자주 한다.
- 교과서, 노트, 가방 등에 "죽고 싶다" 같은 폭력적인 표현이 있다.
- 조퇴, 결석하는 경우가 많아진다.
- 학교성적이 떨어진다.
- 신체적인 외상이 있는 이유에 대하여 설명을 피한다.
- 짜증내는 일이 증가하고, 작은 일에 놀라거나 불안해한다.

나. 우리 아이가?(가해학생의 징후)

가해학생이 스스로 가해 사실을 밝히는 경우는 거의 없으므로 사전에 자녀의 생활에서 나타나는 징후를 꼭 확인할 필요가 있다.

- 친구가 빌려줬다고 하며 고가의 물건을 가지고 다닌다.
- 용돈에 비하여 씀씀이가 커진다.
- 작은 칼 등 흉기를 가지고 다니는 경우가 있다.
- 비행 전력이 있는 친구, 폭력 집단의 친구들과 자주 어울린다.
- 술, 담배 또는 약물을 접한다.

- 등 · 하교 시 책가방을 들어 주는 친구나 후배가 있다.
- 공부를 안 하는데 갑자기 성적이 오른다.
- 손이나 팔 등에 종종 붕대를 감고 다니거나 문신이 있다.
- 자주 화를 내며 이유와 핑계가 많아진다.
- 밤늦도록 잠을 자지 않는다.
- 참을성이 없고 말투가 거칠다.
- 육체적 활동, 체육 등을 좋아하며 힘을 발휘하길 즐긴다.
- 부모에게 감추는 비밀이 많고 대화가 거의 없다.
- 외출이 잦고 친구들의 전화에 신경을 많이 쓴다.
- 귀가 시간이 늦어지고 불규칙적인 생활을 한다.
- 부모에게 반항하며 공격적인 태도를 취한다.

V. 학교폭력 기본지침 및 사안대응법

1. 학교폭력 발생 사안별 기본 대응요령
2. 학교폭력 예방 및 대책에 관한 학교장의 책무
3. 학교폭력 예방 및 대책에 관한 교사의 책무
4. 학교폭력 전담기구의 구성과 역할

1. 학교폭력 발생 사안별 기본 대응요령

학교장은 신고받은 학교폭력 사안에 대하여 상황을 신속하게 파악하고, 학교폭력 전담기구와 협의하여 필요한 조치를 신속하게 처리해야 한다.

가. 가해학생에 대한 "즉시 출석정지"를 해야 하는 사안

1) 적용대상(「학교폭력예방 및 대책에 관한 법률」 제17조 제4항)

다음의 학교폭력 사안에 대해서는, 학교장은 가해학생에 대한 '출석정지' 조치를 반드시 실시해야 한다.

- 2명 이상의 학생이 고의적·지속적인 폭력을 행사한 경우
- 폭력을 행사하여 전치 2주 이상의 상해를 입힌 경우
- 학교폭력에 대한 신고, 진술, 자료제공 등에 대한 보복을 목적으로 폭력을 행사한 경우
- 학교의 장이 피해학생을 가해학생으로부터 긴급하게 보호할 필요가 있다고 판단하는 경우

※ 출석정지 기간 결정

- 출석정지 기간은 학교실정에 맞게 구체적으로 기준을 정한다.
- 출석정지 기간 중에는 학교 내 상담실 또는 Wee클래스에서 격리 및 상담교육을 실시한다. 출석정지지만 학교에 나와 격리조치시켜 상담교육을 실시하는 것이다.
- 격리 및 상담교육은 상담교사 주관으로 상담, 교과자율학습을 포함하여 학교 자체에서 운영하는 것을 원칙으로 한다.

· 출석정지이니 학교를 나오더라도 무단결석으로 처리가 된다.
· 가해학생에 대한 긴급 조치 후, 신속하게 학교폭력대책자치위원회를 소집하여 피해학생에 대한 보호조치를 실시해야 한다.

2) 조치방안

· 출석정지 기간은 학교실정에 맞게 구체적으로 기준을 정한다.
· 출석정지 기간 중에는 학교나 상담실 또는 Wee클래스에서 특별교육을 실시한다.
- 특별교육은 상담교사 주관으로 상담, 교과 자율학습을 포함하여 학교 자체에서 운영하는 것을 원칙으로 한다.
· 가해학생에 대한 긴급 조치 후, 신속하게 학교폭력대책자치위원회를 소집하여 피해학생에 대한 보호조치를 실시해야 한다.

나. 담임교사가 자체 해결할 수 있는 사안

1) 판단의 기준

· 가해행위로 인해 피해학생에게 신체 · 정신 또는 재산상의 피해가 있었다고 볼 객관적인 증거가 없고,
· 가해학생이 즉시 잘못을 인정하여 피해학생에게 화해를 요청하였을 때 피해학생이 화해에 응하는 경우이다.

2) 조치방안

· 담임교사가 또래상담, 또래중재, 학생자치법정, 학급총회 등 학생들이 스스로 문제를 해결할 수 있는 또래 프로그램을 활용할 수 있도록 여건을

마련해야 한다.

- 학교실정에 맞는 또래프로그램을 도입하고, 이를 운영할 수 있도록 담임 교사의 전문성 향상을 위한 연수를 지원한다.

• 담임교사가 사안 인지 후 7일 이내에 해결을 하지 못하는 경우, 일반적인 절차를 거쳐야 하는 사안으로 처리하도록 지도한다.

표 V-1 또래 프로그램 개요

구분	프로그램 특징
또래상담	· 또래가 상담자가 되어 동료학생의 눈높이에서 고민을 상담하고 함께 문제 해결 · 갈등의 이상 징후 발견 및 예방에 초점
또래중재	· 학급에서 신뢰(추천 등)받는 학생이 훈련을 통해 중재자가 되어 학생 간 문제를 해소하고 교사 · 전문상담사 등 갈등조정 전문가는 이를 지원 · 갈등 발생 후 조정 및 화해에 초점
학급총회	· 갈등상황 발생 시 담임선생님을 중심으로 학급 학생 모두가 참여하여 토론을 통해 갈등해결 모색(소규모 학교의 경우 학년총회 운영 가능) · 노르웨이 : 학급총회가 중심이 되는 '올베우스 프로그램'을 통해 학교폭력 60% 이상 감소
학생자치 법정	· 학생들이 경미한 학칙위반 등의 사안에 대해 상 · 벌점제와 연계하여 학생 스스로 변론하고 자율적 징계 실시

다. 일반적인 절차를 거쳐야 하는 사안

1) 적용대상

• 가해학생에 대한 즉시 출석정지 조치 대상이 아닌 폭력사안

• 담임교사가 자체 해결할 수 없는 폭력사안

2) 조치방안

· 학교폭력 전담기구를 통해 사안을 보고받은 즉시 사안의 경중을 판단하여 가해학생에 대한 선도가 긴급하다고 인정되는 경우, 「학교폭력예방 및 대책에 관한 법률」 제17조 제4항에 따라 선도조치 를 실시하고, 학교폭력 대책자치위원회에 즉시 보고하여 추인을 받아야 한다.

※ 선도가 긴급한 경우의 선조치

- 피해학생에 대한 서면 사과
- 피해학생 및 신고·고발학생에 대한 접촉, 협박 및 보복행위의 금지
- 학교에서의 봉사
- 학내외 전문가에 의한 특별교육 이수 또는 심리치료
- 출석정지(기간 제한 없음)

· 사전 선도조치 결정은 학교폭력 전담기구와 협의를 거쳐 결정하되, 학교폭력사안의 심각성, 가해학생의 태도, 가해행위의 지속성 등을 고려한다.

· 가해학생에 대한 선도조치가 긴급하지 않은 경우, 우선 가해학생과 피해학생의 격리조치를 취한 후 신고받은 후 14일 이내에 학교폭력대책자치위원회를 개최한다. 단, 정확한 사안조사 등 필요한 경우 학교의 장은 7일 이내에서 자치위원회 개최를 연기할 수 있다.

· 자치위원회 개최 연기는 학교장이 판단하며, 뚜렷한 이유 없이 자치위원회 개최를 연기한 경우 차후 은폐·축소 시도로 간주될 수 있으므로 개최 시기를 엄수하여야 한다.

2. 학교폭력 예방 및 대책에 관한 학교장의 책무

가. 학교폭력 발생 사안에 대한 조치

학교장은 학교폭력대책자치위원회의 피해학생의 보호 또는 가해학생에 대한 조치를 요청받은 때에는 14일 이내에 해당 조치를 하여야 한다.

1) 피해학생에 대한 보호조치 및 피해보상

자치위원회 개최 전	자치위원회 개최 후
· 심리상담 · 신체적 피해의 치유	· 「학교폭력예방 및 대책에 관한 법률」 제16조에 따른 보호조치의 실행 · 심리상담 및 조언, 일시보호, 치료를 위한 요양 등에 소요되는 비용의 보상

〈학교폭력 피해학생에 대한 보호조치〉

□ 절차

자치위원회의 요청	자치위원회가 피해학생에 대하여 일정한 보호조치를 취할 것을 요청
↓	
피해학생 보호자의 동의	학교장은 **피해학생 보호자의 동의**를 반드시 얻어 조치를 취해야 함
↓	
학교장의 조치	

※ 학교장은 피해학생에 대한 자치위원회의 조치 요청을 거부할 수 있음

□ 조치 항목

피해학생에 대한 보호

- 심리상담 및 조언 (1호)
- 일시 보호 (2호)
- 치료를 위한 요양 (3호)
- 학급 교체 (4호)
- 전학권고 (5호)
- 그 밖에 필요한 조치 (6호)

· 등교거부에 대한 출석인정(진단서 등)
· 성적처리에서의 불이익 금지
· 학습권 및 수업권 보장

요양으로 발생하는 비용은 가해학생의 보호자가 부담해야 하며 그러지 않을 시 학교안전공제회 또는 시·도 교육청이 부담하고 추후 구상권을 행사

학교의 장은 피해학생의 보호를 위하여 긴급하다고 인정될 경우 자치위원회의 요청 없이 **1호, 2호, 6호의 선 조치**를 할 수 있음(차후 자치위원회에 보고)

〈제6호 그 밖에 필요한 조치〉

법에는 규정하고 있지 않지만 피해학생을 위하여 필요하다고 판단될 시 다양한 조치를 할 수가 있음
(예: 치료 등을 위한 의료기관에의 인도, 수사기관의 조사 및 법원의 증인심문에의 동행, 법률 구조기관 등에 필요한 협조와 지원요청, 등·하굣길 동반 등)

(1) 피해학생 보호조치 시 유의사항

· 학교장은 피해학생 보호자의 동의를 받은 후 보호조치를 실행한다.
- 피해학생 보호자가 다른 조치를 요구하는 경우, 재심의 절차에 의해 보호조치를 실행할 수 있다.

· 보호조치에 필요한 결석을 출석일수에 산입하고, 성적 등을 평가함에 있어 학생에게 불이익을 주지 않도록 노력하여야 한다.
- 피해학생이 장·단기 결석을 하게 되는 경우 학습권 보호를 위해 가정학습에 대한 지원 등 교육상 필요한 조치를 취해야 한다.

- 등 · 하교시 보호, 전문상담기관 연계 치료 등 피해학생이 안정된 학교생활을 할 수 있을 때까지 학교차원에서 지속적인 관심과 노력을 기울여야 한다.

(2) 피해학생의 심리상담 등에 소요되는 비용의 부담

- 피해학생이 전문단체나 전문가로부터 심리상담 및 조언, 일시보호, 치료를 위한 요양 등에 소요되는 비용은 가해학생이 부담하여야 한다.
- 다만, 피해학생의 신속한 치료를 위하여 학교장 또는 피해학생의 보호자가 원하는 경우에는 「학교폭력예방 및 대책에 관한 법률」 제16조에 따라 학교안전공제회 또는 시 · 도교육청에 부담 후 구상권 행사가 가능하다.
  ※ 2012. 4. 1기준 학교폭력으로부터 피해를 받아 치료를 받고 있는 사람부터 적용한다.
- 학교안전공제회 또는 시 · 도교육청의 비용부담 관련, 지원범위, 구상범위, 지급절차 등에 필요한 사항은 별도로 안내한다.

(3) 상급학교 진학 시 가해학생과 같은 학교에 배정되지 않도록 조치

- 학교장은 자치위원회에서 조치를 받은 사안과 관련하여, 피해학생이 가해학생과 상급학교에 배정되지 않는 것을 희망하는 경우 시 · 도교육감 또는 교육장에게 통보하여야 한다.
- 시 · 도교육감 또는 교육장은 통보를 받은 사안에 대하여 피해학생이 가해학생과 동일한 학교에 배정되지 않도록 조치하게 된다(학교폭력예방 및 대책에 관한 법률 시행령 제20조 제4항).

2) 가해학생에 대한 조치 및 재활치료

자치위원회 개최 전	자치위원회 개최 후
· 가해학생의 선도가 시급한 경우, 「학교폭력예방 및 대책에 관한 법률」 제17조 제4항에 따른 조치 · 중대한 사안의 경우, 학교장은 가해학생에 대해 즉시 출석정지	· 조치의 엄정한 시행 · 가해학생 재활치료 지원 · 조치사항의 학교생활기록부 기록 등 사후 생활지도

〈학교폭력 가해학생에 대한 선도 조치〉

□ 절차

자치위원회의 요청	자치위원회는 가해학생의 선도 · 교육을 위하여 일정한 조치를 취할 것을 학교장에게 요청
↓	
학교장의 조치 ※ 가해학생 보호자의 동의 불요	자치위원회에서 가해학생에 대한 조치를 요청하면 학교장은 반드시 해당 조치를 취해야 함. 이러한 조치는 가해학생 보호자의 동의를 필요로 하지 않으며 조치를 취한 후, 이를 통지할 의무만 있을 뿐임
↓	
가해학생 및 보호자에게 통지	

〈가해학생이 학교장의 조치를 이행하지 아니하는 경우〉

자치위원회 재소집(개최)은 불가하며 **다만 초 · 중등 교육법 제 18조 및 동법 시행령 제31조 또는 교칙에 의거, 선도위원회를 열어 징계 처분**을 내릴 수 있음

□ 가해학생 선도 조치 항목 및 유의점

○ 특별교육이수의 부과

- 일정조치를 내릴 경우, 반드시 병과되어야 할 조치로써 교육감이 정한 기관에서 이수하여야 하며 그 기간은 자치위원회에서 정한다(법률 제17조 제2항).

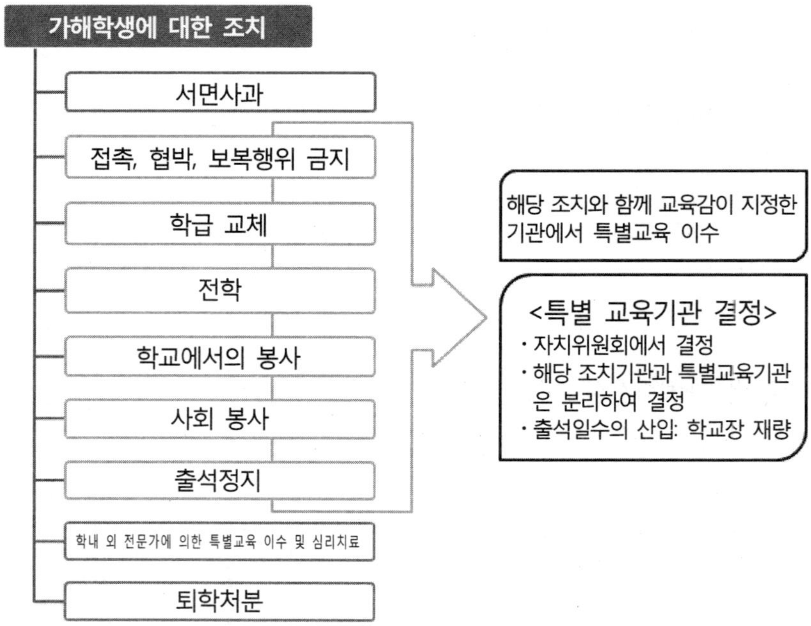

	학내 · 외 전문가에 의한 특별교육이수 또는 심리치료	특별교육
법적 근거	법률 제17조 제1항 제7호	법률 제17조 제2항
징계의 독립성	독립적 조치	부가적 조치
교육기관의 지정	학교폭력대책지역위원회	해당 시 · 도 교육감
출석일수 산입	학교장 인정 시 가능	명문 규정 없음

자치위원회가 다음과 같은 조치(접촉금지, 학급교체, 전학, 교내 · 사회봉사, 출석정지)를 내릴 경우, **특별교육 시간을 별도로 부과하여 결정서에 명시**해야 함

☞ 위 학생에 대해 교내봉사 5일과 특별교육 8시간을 조치함

☞ 위 학생에 대해 출석정지 10일과 특별교육 10시간을 조치함

○ 일정 조치에 한해 선조치 가능

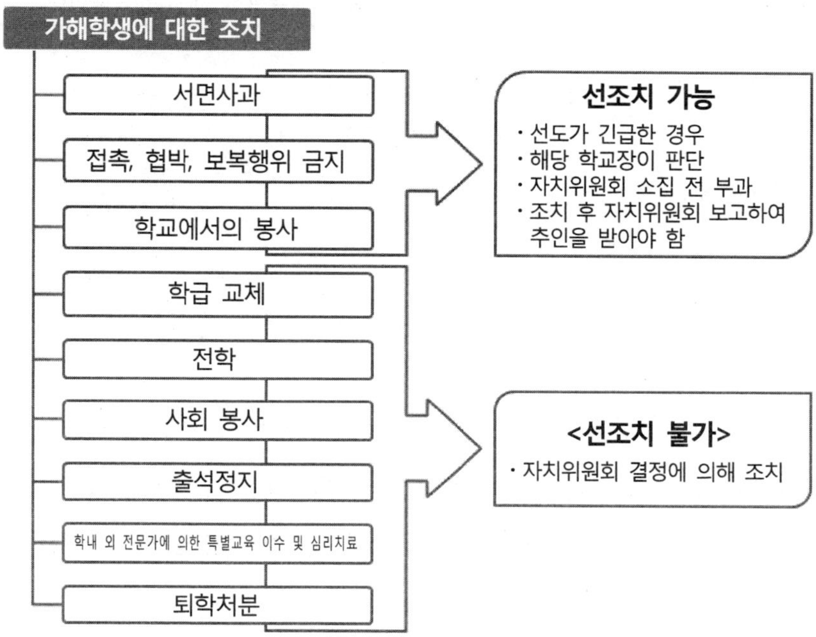

○ 수 개의 조치 병과 가능

학교폭력 예방 및 대책에 관한 법률	
1	서면사과
2	피해학생 접촉협박, 보복금지
3	학급교체
4	전학(전학권고가 아님)
5	학교 내의 봉사
6	사회봉사
7	출석정지
8	학내, 외 전문가에 의한 특별교육 이수 또는 심리치료
9	퇴학

초·중등교육법 시행령	
1	학교 내의 봉사
2	사회봉사
3	특별교육 이수
4	10일 이내의 출석정지
5	퇴학

- 중복부과 가능
- 학교폭력에 관한 건만 심의 · 의결

- 중복부과 불가
- 학교폭력을 제외한 학생비행

학교폭력 대책 자치위원회 조치사항 불복 시 (거부, 회피) → *사유: 지시 불이행* → **선도위원회 회부** (초 · 중등교육법 제18조 및 동법 시행령 31조에 따라 징계)

- 지시 불이행으로 징계 시, 단계별로 개전의 기회를 줄 수 있는 교육적인 방법으로 징계
- 퇴학처분을 하기 전 일정기간 동안 가정학습을 하게 할 수 있음

(1) 가해학생의 특별교육 이수 (「학교폭력예방 및 대책에 관한 법률」 제17조 제3항)

· 자치위원회로부터 다음의 조치를 받은 가해학생은 교육감이 정한 기관에서 자치위원회가 정한 기간 동안 특별교육을 이수하거나 심리치료를 받아야 한다.

※ 특별교육 이수 또는 심리치료를 받아야 하는 조치

- 피해학생에 대한 접촉, 협박 및 보복행위의 금지
- 학교에서의 봉사
- 사회봉사
- 출석정지(기간제한 없음)
- 학급교체
- 전학

· 특별교육 프로그램의 기간과 내용은 학교폭력 사안의 경중 및 가해학생의 상황을 고려하여 결정한다.

- 특별교육은 상호존중과 관계능력 향상을 위한 소통의 기술, 분노조절 방법 등을 배울 수 있도록 하고, 심각한 정서장애의 경우 병원과 연계

하여 치료하도록 한다.

- 특별교육 실시 중 가해학생이 학습에 있어서 다른 학생에 뒤처지지 않도록 배려한다.

· 학교장은 가해학생이 자치위원회의 조치를 이행한 후 학교에서 복귀하여 정상적인 학교생활을 할 수 있도록 지원한다.

- 특별 진로교육을 포함하여 가해학생들이 자신의 꿈을 찾아 새로운 길을 모색할 수 있도록 한다.

(2) 가해학생 보호자(학부모)에 대한 특별교육 실시(「학교폭력예방법」 제17조 제9항)

· 학교장은 가해학생에 대한 특별교육 이수 조치를 실시할 경우, 교육감이 지정한 기관에서 그 학생의 보호자도 특별교육을 이수하도록 통보한다.

- 학부모가 특별교육에 불응할 경우, 학교장은 법률에 의하여 과태료가 부과됨을 안내하고 특별교육을 이수할 것을 재통보한다.

· 재통보시에도 불응하는 경우, 학교장은 학부모 명단을 교육감에게 통보하여 과태료 부과 절차를 진행한다.

※ 특별교육 불응 시, 시 · 도교육감에게 보고하여야 하며 시 · 도교육감은 「학교폭력예방 및 대책에 관한 법률」 제22조 제2항에 따라 300만 원 이하의 과태료를 부과하게 된다.

(3) 가해학생의 '전학' 조치

· 관련법령 : 「초 · 중등교육법시행령」 제21조의 2, 제73조의 2, 제89조의 3

· 학교장은 자치위원회에서 '전학'조치를 받은 학생의 명단을 시 · 도교육감(고등학생) 또는 교육장(초등학생, 중학생)에게 통보한다.

· 시 · 도교육감 또는 교육장은 학교구 또는 행정구역과 관계없이 피해학생 보호에 충분한 거리를 두어 전학 조치 실시한다(가해학생 학부모 동의 불요).

- 이후, 가해학생이 다시 피해학생이 있는 학교로 재전학하는 것은 금지한다.

(4) 가해학생과 그 보호자의 조치 거부 및 회피에 대한 처리

- 관련법령 : 「학교폭력예방 및 대책에 관한 법률」 제17조 제7항, 제11항
- 가해학생과 그 보호자가 「학교폭력예방 및 대책에 관한 법률」 제17조 제1항에 따른 조치를 거부하거나 회피하는 경우는 다음과 같이 처리한다.

조치별	처리방법
제1호(서면사과)	거부 및 회피를 하는 경우 재심 절차 없이, 「초 · 중등교육법」 제18조에 따라 징계한다.
제2호-제7호	거부 및 회피를 하는 경우 재심 절차 없이, ① 「초 · 중등교육법」 제18조에 따른 징계를 하거나, ② 자치위원회가 다른 조치를 할 것을 학교장에게 요청할 수 있다.
제8호(전학) 제9호(퇴학)	시 · 도학생징계조정위원회의 재심, 행정심판의 절차를 거친 후, ① 「초 · 중등교육법」 제18조에 따른 징계를 하거나, ② 자치위원회가 다른 조치를 할 것을 학교장에게 요청할 수 있다.

〈징계조정 위원회〉

□ 초 · 중등교육법 제18조의 2, 제18조의 3 근거

초 · 중등교육법 제18조 제1항, 동법 시행령 제31조, 학교폭력 예방 및 대책에 관한 법률 제17조에 따른 징계 처분 중, 퇴학조치에 대한 이의가 있을 시, 재심청구 가능하다.

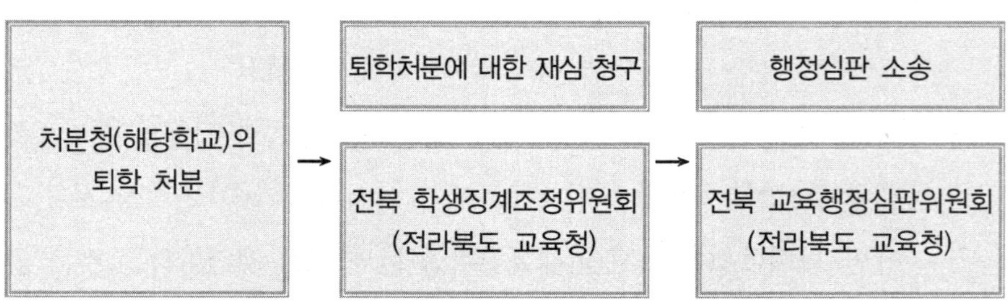

징계조정위원회 절차

- 퇴학조치
- 이의 제기 및 재심청구
  - 대상: 학생 또는 보호자
  - 기간: 조치를 받은 날부터 15일 이내
    조치가 있음을 안 날부터 10일 이내
  - 시 · 도 학생징계조정위원회에 재심청구 가능
- 심사, 결정하여 청구인 통보
  - 30일 이내에 이를 심사, 결정하여 청구인에게 통보
- 심사결정에 대한 이의 제기
  - 통보를 받은 날부터 60일 이내에 행정심판 제기

3) 학교폭력 사안의 실태조사를 위한 조치

- 학교폭력 전담기구 소속 교원의 사안조사의 전문성 향상을 위해 필요한 연수를 적극 지원해야 한다.
- 학교장은 조사 대상 학교폭력 사안에 대해 객관적이고 정확한 실태파악이 필요한 경우, 시 · 도교육청에 학교폭력 전문조사관의 파견을 요청할 수 있다.

  ※ 학교폭력 전문조사관은 시 · 도별로 4~5월 중 지정될 예정이며, 가해학생 또는 가해학생의 보호자가 가해행위를 부인하거나 조사에 불응하는 등 조사에 어려움이 있는 경우 적극 활용한다.
- 조사 대상 학교폭력 사안에 대한 정확한 사태파악을 위해, 필요시 경찰청 또는 경찰서에 관련 정보를 요청할 수 있다(「학교폭력예방 및 대책에 관한 법률」 제11조의 3).

나. 학교폭력 사안 대응체계 구축

1) 학교폭력대책자치위원회 구성(「학교폭력예방 및 대책에 관한 법률」 제12조)

학교장은 학교폭력의 예방 및 대책에 관련된 사항을 심의하기 위하여 학교에 학교폭력대책위원회(이하, "자치위원회")를 둔다.

□ 학교폭력대책자치위원회 구성

〈자치위원회 심의 사항〉

- 학교폭력의 예방 및 대책을 위한 학교의 체제 구축
- 학교폭력 예방 프로그램의 구성 및 실시
- 피해학생의 보호 및 가해학생에 대한 선도 및 징계
- 피해학생과 가해학생 간의 분쟁 조정
- 그 밖에 학교폭력 문제를 담당하는 책임교사 또는 학생회의 대표가 건의하는 사항

※ 분교를 제외한 모든 학교에 설치해야 하며 학교폭력이 발생하는 경우 반드시 자치위원회에서 처리해야 함

○ 위원 구성

위원 구성	5 ~ 10인(임기 2년, 연임 가능) ※ 법 개정: 전체위원의 과반수를 학부모 전체회의에서 학부모 대표로 위촉하도록 함(**법률 제13조 제1항 2011. 5. 19 개정, 2011. 11. 20 시행**)
위원 자격	① 해당 학교의 교감 ② 해당 학교의 교사 중 학생생활지도의 경력이 있는 교사 ③ 해당 학교운영위원회의 학부모 대표 ④ 판사 · 검사 · 변호사 ⑤ 해당 학교를 관할하는 경찰서 소속 경찰공무원 ⑥ 의사의 자격을 가진 사람 ⑦ 학교폭력 예방 및 청소년 보호에 대한 지식과 경험을 가진 사람 중 하나 이상의 요건을 갖춘 사람

위원 자격	※ 위원의 정수 및 구성 비율은 학교의 특성 및 지역여건을 고려, 학교장에게 맡겨져 있음. 교사의 수를 늘려 위촉한다거나 법률전문가나 청소년 전문가 없이 위원회를 구성하는 것도 가능하나 '교외 전문가 위원'의 구성 비율을 높게 하는 것이 바람직하다.
위원장 선출	위원 중 호선 ※ 위원장 사고 시: 위원장이 지정하는 위원이 위원장의 직무대행

※ 학교장은 어더한 사유를 들어서라도 자치위원회의 위원이 될 수 없음

○ 구성원의 역할

위원장	위원	간사
● 필요시 위원회 소집 요청 ● 회의 주재 ● 간사 1인 지명	● 회의 안건 심의 ● 분쟁조정에 참여	● 교직원으로서 회의록 작성 ● 자치위원회 사무 처리

〈간사의 지명〉

자치위원회의 위원장은 해당 학교의 교직원(교사, 교육행정직원) 중 자치위원회의 사무를 처리할 간사 1인을 지명한다.(법률 시행령 제8조 제3항) → 자치위원회 위원은 간사로 임명할 수 없음

○ 자치위원회 소집 요건(시행령 제8조 제1항)

· 위원장 및 학교장의 요청

· 자치위원회 재적위원 1/3의 요청

· 피해학생 또는 그 보호자의 요청(법률 제13조 제2항 2011. 5. 19 개정)

· 학교폭력 발생에 관한 신고 또는 보고를 받은 경우(법률 제13조 제2항 2011. 5. 19 개정)

※ 학교폭력 사안이 심각하지 않다고 하여도 자치위원회를 소집하여 적절한 조치를 심의해야 한다.

○ 자치위원회 의결 요건

· 재적위원 과반수의 출석으로 개의

· 출석위원 과반수의 찬성으로 의결

〈불출석 위원들의 위임장 인정〉

① 매우 예외적인 상황과 사안과 관련된 사안조사 등의 과정에서만 위임장으로 출석 인정

② 각종 심의 및 의결에 있어서 위임장으로 출석을 인정, 처리하는 것은 부적절

③ 위임장이 아닌 출석위원 과반수가 실제로 출석한 후 심의하는 것이 원칙

※ 재적위원 수가 7명인 위원회: 출석위원(위원장 포함) 3명과 불출석한 위원들(4명)의 위임장을 출석으로 인정하여 학교폭력 사안을 심의 · 의결하였다면 개의 · 의결정족수에 대한 치명적인 하자가 있는 것으로 봐야 함

· 학교장은 자치위원회가 임기의 공백 없이 운영될 수 있도록 자치위원회를 구성한다.

- 자치위원회는 위원장 1인을 포함하여 5인 이상 10인 이하의 위원으로 구성하되, 전체 위원의 과반수를 학부모전체회의에서 직접 선출된 학부모 대표로 위촉한다(임기 2년).

- 단, 학부모전체회의에서 학부모대표를 선출하기 곤란한 사유가 있는 경우에는 학급별 대표로 구성된 학부모대표회의에서 학부모대표로 위촉할 수 있다.

2) 학교폭력대책자치위원회 운영(「학교폭력예방 및 대책에 관한 법률」 제12조)

○ 운영 원칙

학교장은 자치위원회를 분기별 1회 이상 개최하고, 자치위원회의 위원장은 다음 사항의 경우 회의를 소집해야 한다.

(1) 자치위원회를 소집해야 하는 경우(「학교폭력예방 및 대책에 관한 법률」 제13조)

① 자치위원회의 재적위원 4분의 1이상이 요청하는 경우
② 학교의 장이 요청하는 경우
③ 피해학생 또는 그 보호자가 요청하는 경우
④ 학교폭력이 발생한 사실을 신고받거나 보고받은 경우
⑤ 가해학생이 협박 또는 보복한 사실을 신고받거나 보고받은 경우
⑥ 그 밖에 위원장이 필요하다고 인정하는 경우

· 자치위원의 참여율을 높이기 위해 자치위원회는 일과 후 개최를 원칙으로 한다.
· 학교장은 자치위원회의 원활한 운영을 위해 자치위원들의 전문성 향상을 위한 연수를 지원하여야 한다.

○ 자치위원회의 개최

· 중대한 사안은 소집 사유가 발생한 날로부터 7일 이내에 개최한다.
· 재적위원 과반수의 출석으로 개의하고, 출석위원 과반수의 찬성으로 의결한다.
· 경미한 사안에 대해서는 학교폭력 전담기구에서 우선 처리 후 학교장과 자치위원장에게 보고하고 개최일을 결정한다.
· 경미한 사안이라도 반드시 자치위원회를 개최하여 논의하여야 한다.

(2) 경미한 사안으로 처리해서는 안 되는 경우

① 전치 3주 이상의 상해, 폭행, 감금, 약취 · 유인, 공갈, 강요, 성폭력 등
② 3주 미만의 진단이라도 신체적, 정신적 후유증과 재산상 피해가 예상되는 경우
③ 지속적이고 반복적인 피해, 보복 폭행의 경우

④ 피해학생 · 가해학생 간 합의를 하지 않고 자치위원회 개최를 원하는 경우

⑤ 기타 학교장이 별도로 정한 사안의 경우

담임교사가 자체 해결한 사안은 학교폭력 전담기구에 보고 후 종료하고, 자치위원회에 회부하지 않는다.

○ 자치위원회에 가해학생 및 그 보호자, 피해학생 및 그 보호자의 출석

· 성폭력, 따돌림 등의 사안과 같이 가해학생(보호자)과 피해학생(보호자)의 대면 접촉이 피해 학생에게 심리적 충격을 줄 수 있는 경우, 개별적으로 출석할 수 있도록 한다.

· 피해 · 가해학생 측이 진술시 같은 공간에 있는 경우, 자유로운 의견 개진이 어려울 수 있다는 점에 유의하여 진술시 상대방을 퇴실시키는 등의 방안을 활용한다.

○ 분쟁의 조정(「학교폭력예방 및 대책에 관한 법률」 제18조)

· 학교폭력과 관련하여 피해학생과 가해학생 간 또는 그 보호자 간의 손해배상에 관련된 합의 조정 등에 관하여 분쟁을 조정할 수 있다.

· 분쟁을 조정하고자 할 때에는 이를 피해학생 · 가해학생 및 그 보호자에게 통보하여야 한다.

· 분쟁의 조정기간은 1개월을 넘지 못하며, 분쟁 당사자가 고소 · 고발을 하거나 민사상 소송을 제기하거나 일방이 분쟁조정을 거부하는 경우 분쟁 조정절차가 중지된다.

〈학교폭력대책자치위원회 사안처리 절차〉

사안접수	학교폭력 목격, 학교폭력 인지, 학교폭력 신고접수
↓	
전담기구 사안조사	사안조사, 증거자료 확보, 욕구 파악
↓	
자치위원회 보고	자치위원회에 보고(**교육청에 사안보고도 반드시 해야 함**)
↓	
개최일시 통보	해당학생 학부모에게 통보(**참석여부 반드시 파악**)
↓	
자치위원회 개최	
개최 알림	자치위원회 개최를 알림: **위원장**
↓	
자치위원회 개요 안내	자치위원회 목적 및 참석자 소개: **책임교사**
↓	
사건조사 보고	사건조사 결과 보고: **책임교사**
↓	
피해측 진술	사건진술, 요구사항(위원회 질의 · 피해학생 측 답변 후 퇴장)
↓	※ 피 · 가해 학생측은 별도의 공간에서 각각 따로 진술하도록 함
가해측 진술	사건진술, 요구사항(위원회 질의 · 가해학생측 답변 후 퇴장)
↓	
피 · 가해학생 조치 논의	자치위원들끼리의 협의를 통해 처벌 조치 수위 논의
↓	
합의, 조정 및 결정	피 · 가해학생에 대한 조치 수위 결정(치료비, 합의금 등)
↓	
학교장에게 조치 요청	위원회의 결정사항에 대하여 학교장 결재
↓	
학교장 조치 후 결과보고	양식에 의거, 피 · 가해측에 결과 통보 및 교육청 사안 보고
↓	
분쟁조정 신청 재심 요구	분쟁 조정: 피해학생측의 이의 제기 시, 처벌 수위 조정 재심 요구: 자치위원회 회의 상에 절차상 중대한 하자가 발생했다거나 새로운 증거 확보 시 재심 가능

※ 피 · 가해학생측의 이의제기 시, 절차상의 문제가 없다면 **자치위원회를 재소집하는 것은 불가능**하며 **분쟁조정을 신청**해야 함.

자치위원회 심의 ☞ 조치 불복 ☞ 분쟁조정 ☞ 합의실패 ☞ 법적절차 안내

〈분쟁조정 절차 개요〉

ㅁ 분쟁조정의 신청

피·가해학생측에서 학교폭력대책자치위원회의 조치 결과에 대해 이의를 제기하는 경우와 손해배상에 관련한 합의를 하고자 할 때

분쟁당사자의 조정 신청	조정권한이 있는 **자치위원회**에 **분쟁조정** 신청 (5일 이내 개시)
↓	
일시·장소 통보	분쟁조정을 거부·중지할 경우에는 그 사유를 분쟁당사자에게 통보
↓	※ 분쟁 조정의 거부 중지: 당사자 일방의 거부(분쟁조정 불출석) 고소·고발 및 민사상 소송 제기 분쟁조정의 내용이 거짓·허위
분쟁조정 개최	
↓	
개최 알림	위원장이 분쟁조정 회의 개최 알림
↓	
분쟁조정 개요안내	분쟁조정 회의목적, 진행절차, 주의사항 전달: **학교폭력책임교사**
↓	
사안조사 및 문제의 쟁점 보고	사안조사 결과보고와 함께 갈등 및 손해배상 등의 쟁점사항 보고: **학교폭력 책임교사**
↓	
피해학생측 사실보고 욕구 진술	피해학생측의 요구사항과 욕구 조정 가능성 탐색
↓	
가해학생측 사실보고	가해학생측의 요구사항과 욕구 조정 가능성 탐색

단계	내용
욕구 진술	
자치위원의 중재안 논의 ↓	자치위원들 간의 협의를 통해 중재방안 논의
피 · 가해학생측 욕구 조정 ↓	피 · 가해학생측 단독면담을 통한 욕구 조정
분쟁의 조정 ↓	당사자 간의 자발적인 합의 권고 조정권자의 조정안 제시(법적 · 의료적 근거 제시)
분쟁 조정 종료 ↓	분쟁조정 개시 후, **1개월**이 지나도 조정이 되지 않을 경우 조정 종료 ※ 분쟁조정이 성립되지 않은 경우: 법적절차 안내, 수사기관에 조사결과 전달여부 결정
분쟁 조정의 결과처리	합의서 작성 후 당사자 통보 교육감(교육청)에게 결과 보고

3) 학교폭력 전담기구의 구성 및 운영(「학교폭력예방 및 대책에 관한 법률」 제14조)

· 학교장은 교감, 전문상담교사, 보건교사 및 책임교사(학교폭력문제를 담당하는 교사) 등으로 학교폭력 문제를 전담하는 기구(이하 '전담기구')를 구성, 상시 운영해야 한다.

- 전담기구의 사안조사, 사무처리를 위해 별도의 사무실, 운영비 등을 지원한다.

· 전담기구는 학교폭력과 관련한 신고 접수, 사안조사, 실태조사, 학교폭력 예방 등의 업무를 전담한다.

□ 학교폭력 전담기구 구성

○ 구성과 운영

· 구성권자: 학교장(법률 제14조)

· 구성원: 전문상담교사, 보건교사, 책임교사 등 학교폭력과 관련된 자

책임교사	보건교사	전문상담교사(인턴교사)
↓	↓	↓
· 사안의 조사 방향에 대해 판단 · 사안조사를 전반적으로 총괄 · 신속하게 조사 결과 보고	· 피 · 가해학생의 피해 파악 · 전문기관에 의뢰	· 피 · 가해학생과의 상담 실시 · 심리적 · 정신적 상태 파악 · 심리검사 실시

〈사안조사의 원칙〉

① 서면조사, 해당학생 및 증인의 면담 조사, 사안 현장조사 등을 모두 실시
② 면담 조사를 하는 경우에는 관련자들의 진술서를 받고 면담일지 작성
③ 학생조사 및 지도는 수업시간 이외에 하는 것이 원칙(수업권 보장)
④ 피 · 가해학생의 구분, 폭력장소와 폭력의 형태 및 피해의 정도 파악
⑤ 조사의 종결과 동시에 조사결과보고서를 작성, 피 · 가해학생 보호자에게 통보

다. 기타 학교장의 의무

1) 학교폭력 사안보고(「학교폭력예방 및 대책에 관한 법률」 제19조)

· 학교장은 학교폭력이 발생한 사실 및 법 제16조(피해학생 보호), 제16조의 2(장애학생의 보호), 제17조(가해학생에 대한 조치), 제17조의 2(재심청구), 제18조(분쟁조정)의 규정에 따른 조치 및 그 결과를 보고하여야 한다.

- 보고의 방법 및 절차는 시 · 도교육감이 정하는 바에 따른다.

2) 학교폭력 단체 결성 예방 및 해체(「학교폭력예방 및 대책에 관한 법률」 제19조)

· 학교장은 관계기관과 협력하여 교내 학교폭력 단체의 결성 예방 및 해체에 노력하여야 한다.

- 신고, 전수실태조사 등을 통해 학교폭력 단체 결성의 징후가 파악되어 시·도교육청, 경찰 등에서 해당 학교폭력 단체 해체를 위한 협조를 요청하는 경우 적극 협력하여야 한다.

3) 학교폭력 사안처리 관련 비밀누설 금지(「학교폭력예방 및 대책에 관한 법률」 제21조)

라. 학교폭력 예방체계 구축(「학교폭력예방 및 대책에 관한 법률」 제15조)

1) 학교폭력 예방교육의 수립

○ 기본원칙

- 학교장은 학교폭력 전담기구에서 실태조사 결과를 토대로 매년 학교폭력 예방교육을 수립하도록 하고, 이를 연간 학교교육계획에 반영하여야 한다.
- 학생의 신체적·정신적 보호와 학교폭력의 예방을 위한 학생들에 대한 교육(학교폭력의 개념, 실태, 대처방안 포함)을 학기별로 1회 이상 실시한다.
- 학교폭력의 예방 및 대책 등을 위한 교직원에 대한 교육을 학기별로 1회 이상 실시한다.
- 학교설명회 등을 통해 학부모에게 학교폭력 징후 감지 및 학부모 지도요령 등에 대해 연 2회 이상 학부모교육을 실시한다.
- 학교폭력 예방교육은 연중 다양한 방법으로 실시하되, 학교폭력이 다수 발생하는 학기 초에 집중적으로 실시한다.
- 학교폭력 예방교육 프로그램 운영계획을 학부모들이 쉽게 확인할 수 있도록 학교홈페이지에 게시하는 등 다양한 방법으로 알린다.

〈예방교육 프로그램의 구성 · 운영〉

- 학교의 학교폭력 실태, 학교의 여건 등을 고려하여 자율적으로 예방교육 프로그램을 구성 · 운영한다.
- 단순 집합식 교육이 아니라 UCC경진대회, 학급회의, 역할극 등 체험적인 방법을 활용하여야 한다.
- 국어, 도덕, 사회, 예술, 체육 등 인성교육 관련 교과의 정규수업 시간에 학교폭력 예방 관련 주제로 프로젝트형 인성교육을 실시한다.
- 학교폭력 발생 단계에 이르기 전에 학교 내 갈등과 문제를 학생 스스로 해결하는 건전한 또래문화 조성을 위해, 학교 실정에 맞게 또래상담, 또래중재, 학급총회, 학생자치법정 등의 또래프로그램을 운영한다.
- 학교문화를 개선한다.

표 V-2 학교 문화개선 프로그램 및 주요 실천 내용

순	문화개선 프로그램	실천 내용
1	학생 자치법정 운영	· 두발, 학습태도 등 경미한 교칙 위반 학생 · 법관, 변호사, 배심원으로서의 직업 체험 · 학생 상호간, 선생님과 의사소통의 장 마련
2	학부모 내자식지킴이 운영	· 교내 학교폭력 예방 지도(멘토링 활동) · 학생상담 및 보호관찰 지도(부적응학생 멘토링) · 정기고사 부감독관 활동
3	칭찬, 격려 3운동	· 적소, 적기에 모든 학생 장점 찾아 칭찬하기 · 긍정적인 사고와 적극적인 생활 조장하기 · 이름 외워 많이 불러 주기
4	학생중심의 체육대회 실시	· 학생이 모든 프로그램 계획 · 운영 · 학생이 원하는 종목 선정 운영 · 반성회를 통한 새로운 프로그램 모색
5	편지쓰기	· 부모님께 고마움에 대한 감사 편지쓰기 · 많이 혼나는 선생님께 편지쓰기 · 덜 친한 친구한테 편지쓰기

순	문화개선 프로그램	실천 내용
6	사제동행 등산, 걷기 등	· 가 · 피해학생 · 선생님과 우정 등산하기 · 수련활동시 학생, 학부모, 교사와 등산하기 · 사제간 모든 것을 털어놓고 이야기하기
7	스포츠 활동 활성화하기	· 1인 1종목 스포츠클럽 가입 활동하기 · 스포츠클럽대항 교내 스포츠 리그 활성화 · 중학고 교육지원청 단위 스포츠 리그 운영
8	댄싱 및 비보이 동아리 지원	· 끼발산 동아리 활동 적극 지원 · 지역별 연계 동아리 구성
9	학생 참여 학교규정 만들기	· 학교생활 규정 제 · 개정 적극적 참여하기 · 권리와 책임의식을 갖기 · 학교생활 규정지키기 캠페인 전개
10	아버지 순찰대 운영	· 학교별 아버지 순찰대 구성 · 교외 우범취약 지역 도보 순찰 · 가 · 피해 학생과 축구 등 동아리 구성 게임
11	학생 동아리 활동 활성화	· 1인 1동아리 가입 활동 · 타학고와 연계 동아리 활동 적극 권장 · 주 5일제수업 시행(토요일) 활동 적극 권장
12	삼강오륜 교육	· 조 · 종례시 훈화교육 실시 · 1일 1효행 실천 운동 전개 · 가족사랑의 날 운영(매주 수요일)
13	등교 시 껴안아주기	· 등 · 하교시 껴안아 주기 · 어려울 때 위로의 마음으로 껴안아 주기 · 좋은 일 있을 때, 칭찬하며 껴안아 주기
14	왕따 제로 프로젝트	· 따돌림 친구 찾아보기 · 따돌림 친구와 친한 친구 맺기 · 역할극을 통해 따돌림 친구 이해하기
15	이촌 맺기	· 상급생과 학급생간에 형제 관계 맺기 · 2촌 형제 봉사하는 만남 갖기(월 1회) · 정나누기(2촌 형제 안부 편지쓰기 등)
16	Stop! Rule	· 학교폭력 보는 순간 Stop! 외치기 · 역할극 또는 재현을 통해 피해학생 이해하기

순	문화개선 프로그램	실천 내용
17	아침시간에 마음의 글쓰기	· 마음의 글쓰기, 독서시간 운영과 병행 · 단지 글쓰기보다 마음을 울리는 글쓰기 · 마음의 글쓰기 발표(자치활동 등)
18	재미있는 수업 전개하기	· 수업시간 시낭송하기 · 영어 팝송 부르기 · 수업 중 댄스, 춤 등
19	학교 예술 동아리	· 종합예술교육 선도교육청 지원사업 · '학교 예술동아리' 사업 추진
20	끼 발산 축제	· 패러디, 연극, 한국창작 무용, 댄스 · 패션쇼, 난타 공연, 합창, 독창, 중창
21	학생 중심의 축제 실시	· 학생이 모든 프로그램 계획 · 운영 · 학교의 적극적 지원 : 계획단계부터 마무리까지 · 평가 및 설문조사를 통한 반성회 개최
22	학교별 대안교육 프로그램 개발	· 체험중심의 대안교육 프로그램 개발 · 맞춤형 상담 및 치료 프로그램 개발 · 학생 맞춤형 학습 설계 프로그램 개발
23	소규모 체험활동 활성화	· 학급단위 현장체험학습 등 권장 · 동아리 활동 중심의 체험활동 실시 · 학급단위, 동아리 중심 체험활동 예산 편성
24	감 · 성 · 인 프로젝트	· '감'성적 예술 3제(시, 음악, 미술) · '동'아리 다양화(계발활동 시간 등 활용) · 5분 명상시간 운영
25	음악 감상, 동영상을 통한 감성교육	· 학교폭력, 학습부적응 등 문제해결 · 아침 5분 감동 음악 감상 및 동영상 시청 · 소감문 쓰기 및 친구와 토의하기
26	'나를 돌아보기' 명상 시간 운영	· 아침 등교 후 5분 명상(3분 멘트, 2분 묵상) · 명상의 효과를 높여 주는 감미로운 배경음악 · 시기에 따라 적절한 주제 선정하여 추진
27	락밴드, 오케스트라 지원	· 학생오케스트라 지원 – 19교(2013)
28	착한 어린이 '기본생활급수제'	· 준비단계 : 기본생활 중점 실천사항 설정 · 시행단계 : 잘 지켰을 경우 카드에 'O' 표시 · 선도단계 : 연말에 급수제 1급 도달 학생 표창

순	문화개선 프로그램	실천 내용
29	학부모 동반 밴드부 활동	· 학부모, 교사, 학생과 함께하기 · 여건을 고려한 밴드부 활동 지원
30	인터넷 중독 예방교육	· 셧다운제 강화 및 쿨링오프제 실시 · 인터넷 이용 습관 자가진단 실시 · 인터넷 休캠프 등 체험활동, 캠페인 등
31	학교별 전통예절교육 지원	· '전통예절 시간' 운영(창의적 재량활동 활용) · 학부모 중 '전통예절 명예교사' 위촉 활용 · 방문자에게 '효도하겠습니다.' 구호 권장
32	사부자 한마음 실천운동 지원	· 행사를 통한 師父子한마음 실천운동 전개 · 세족식 실천을 통한 공감과 이해 체험 · 하루에 한번 안아 주기 운영
33	학부모 자원 봉사활동 확대	· 학교별로 학부모 자원봉사활동 구성 · 운영 · 진로 · 진학 상담 실시 · 교내 우범지역 순찰 등 실시
34	'마니또' 활동	· 학교 내에서 '마니또(비밀친구)' 활동 · 친구사랑 주간 일주일 동안 마니또 활동 · 마니또에게 비밀 편지 작성 및 배달
35	학생의 날, 스승의 날에 가슴에 꽃 달아주기	· 제자를 사랑하고 스승을 존경하는 마음 갖기 · 스승의 날 감사의 편지와 함께 꽃 달아 주기 · 학생에게 사랑의 편지쓰기
36	Happy School 지킴이 활동	· 어린이 회장단 및 교사 추천으로 지킴이 위촉 · 질서, 예절, 교과활동 반성 및 착한어린이 추천
37	학교문화 개선 유공 교원 인센티브 부여	· 국외연수 및 교육감 표창 – 인성인권부장, 생활지도 우수 교원 · 학교폭력 예방 해결 등 기여 교원에 대한 승진 가산점 부여
38	회복적 사법제(생활지도) 프로그램 운영	· 가족화합 프로그램 운영 · 교화 회복 프로그램 운영 · 경미한 사건에 대한 선도 프로그램 운영
39	휴프로그램 운영	· 마음으로 얻는 휴식과 치유 · 삼림욕, 숲치유 생태적 영성과 감성 · 예술치유, 치유여행, 건강한 의식주 문화

순	문화개선 프로그램	실천 내용
40	가족힐링 캠프 (가족이해 및 회복)	· 부모–자녀벽 허물기(춤 세라피, 관계형성 프로그램) · 부모–자녀 이해하기(가족이해 심리극) · 부모–자녀 하나되기(가족모습담기, 가족 사랑 선언문 만들기)
41	아버지와 아들(父子) 캠프운영	· 父子가 함께하는 구호, 표어, 포스터그리기 · 편지 낭독(아들이 사랑스러운 이유 10가지, 아버지를 존경하는 이유 10가지) · 아버지의 따뜻한 몸 속으로(아들아 사랑한다, 아버지 사랑해요)
42	언어문화 개선으로 학교폭력예방	· 언어문화 개선 토론대회(욕 없이 의사소통 가능한가?) · 언어문학 개선 논문발표(학생언어문화 현상에 대한 문제 및 대책) · 언어개선 백일장, 공모전
43	우리학교 모든 선생님은 생활지도 달인	· 학교폭력 근절다짐 비폭력교사 선언 · 학생관계 친밀감 회복 전략(긍정적 언어사용 등) · 학교폭력근절다짐대회 서약서 작성(학생) – '멈춰, 하지마' 공식언어 사용 합의
44	하루 세 번, 소중한 사람들과 5분 얘기하기	· 5분 사제지간 담화(5분 매 시간마다 수업머리 인성교육) · 5분 또래지간 담화(점심, 쉬는 시간 등 활용) · 5분 부모와 자녀지간 담화(밥상머리교육)
45	선생님이 만들어 주는 생일축하 파티	· 1달 혹은 격주로 축하행사(학급 중심) · 생일축하 음악, 시낭송, 케이크절단, 선물증정 등

※ 말하는 것이 진정한 용기라는 것을 가르친다.

시골에서 서울로 올라온 K중학교 1학년인 강지혜(1학년) 학생은 아버님의 사업 때문에 서울로 전학을 오게 되면서 왜소한 체구와 사투리 때문에 짓궂은 학생들의 놀림감이 되고 만다. 일부 가해학생들의 지혜에 대한 괴롭힘은 계속되었고, 용돈 갈취, 폭행 등이 이어졌다. 원래 밝은 성격을 가졌던 지혜는 늘 우울한 기분으로 혼자 지내고, 누가 부르는 소리에도 소스라치게 놀라는 등 심각한 폭력의 피해에 대한 증후군을 보이기 시작했다.

더 이상 견딜 수 없게 된 지혜는 용기를 낸다. 혼자서 폭력에 맞서려고 하는 무모한 용기가 아니라 부모님에게 모든 사실을 이야기하기로 한 것이다. 물론 그랬을 때의 보복을 겁내지 않은 건 아니었다. 하지만 사실을 숨긴다고 해서 해결되는 것은 아무것도 없다. 주위에 피해 사실을 알리는 것은 고자질이 아닌 바로 당당하고 진정한 '용기'였던 것이다.

지혜가 용기를 냈기 때문에 가해학생들은 강력한 처벌을 받게 되고, 지혜는 물론 피해를 당하던 다른 학생들까지 더 이상 폭력에 시달리지 않게 되었다. 누구나 이런 상황에서는 겁을 내기 마련이다. 하지만 **학교폭력은 주위에 피해 사실을 적극적으로 알리는 것이 그 해결의 시작이다.**

학생들 중에 작은 학교폭력이라도 당하고 있는 사람이 있으면 더 이상 망설이거나 회피하지 말고 용기를 내도록 해야 한다. 그래야 폭력의 고통이 없는 행복한 학교생활이 펼쳐지게 된다.

2) 학생정신건강서비스 지원체계 구축

(1) 개요

학생들을 대상으로 정서 · 행동발달 선별검사를 실시하고, 검사결과 확인된 폭력 가 · 피해 징후 학생에 대하여 예방적 조치를 시행한다.

(2) 학생정신건강서비스 지원체계

학교 내에서는 보건실이나 Wee클래스에서 정서 · 행동발달 전반 선별검사를 통하여 1차 선별검사를 한 다음 문제유형별 선별검사, 즉 ADHD, 우울, 폭력성, 자살생각 등에 관한 2차 선별검사를 한다. 그 다음 학교 밖, 즉 Wee센터, 정신보건센터, 인터넷 · 게임중독치료 관련 기관, 전문병 · 의원 등과 연계하여 치료한다. 이를 표로 나타내면 다음과 같다.

표 V-3 학생정신건강서비스 지원체계

학교 내	1차 선별검사	정서 · 행동발달 전반 선별검사	보건실 Wee클래스
	2차 선별검사	문제유형별 선별검사 (ADHD, 우울, 폭력성, 자살생각 등)	보건실 Wee클래스
학교 밖	Wee센터, 정신보건센터, 인터넷 · 게임중독치료 관련 기관, 전문병 · 의원 등 연계		

① 실시 대상

- 2012년 : 모든 학생을 대상으로 실시한다.
- 2013년 이후 : 별도의 지침에 따라 특정 학년 학생을 대상으로 실시한다.

② 유의사항

- 선별검사 결과에 따라 가 · 피해 징후학생에 대한 예방적 조치를 체계적으로 실시할 수 있도록 보건실, 상담실(Wee 클래스), 외부 전문기관과의 연계체제를 사전에 구축한다.

3) 담임교사의 생활지도를 강화할 수 있는 여건 조성

- 학기 초에 담임교사의 집중적인 학생 · 학부모 상담, 담임교사가 주도하는 창의적 체험활동 등을 실시할 수 있도록 학교교육계획을 수립한다.
- 담임교사가 조례 및 종례시간, 창의적 체험활동 시간 등을 활용하여 학생들의 문제를 조기에 발견하고 개인 면담 등을 통해 사전 조치할 수 있도록 지원한다.
- 담임교사가 매학기 1회 이상 학생과 1 : 1면담을 실시하고, 면담 결과를

학부모에게 통지(이메일, 문자 등 다양한 방법을 활용)하도록 지원한다.

- 학생 수가 일정규모 이상인 학급이거나, 생활지도를 위해 특별한 필요가 있는 경우 담임교사를 추가로 배치하는 방법도 좋다.
- 담임이 생활지도에 필요한 경비를 지원하기 위해 단위학교 운영비 중에서 학급생활지도비를 별도로 편성한다.
- 그 밖에 담임교사의 생활지도 역량을 강화할 수 있도록 다양한 방안을 강구한다.

※ 담임선생님들이 눈여겨 봐야 할 학생들의 빗나간 우정에 대한 일화

대전의 모 초등학교 6학년인 정지혁(가명) 학생은 반장으로서 공부도 잘하고 선생님께도 예의바른 말 그대로 '모범생'이었다. 그에 비해 이주호(가명) 학생은 뚱뚱하고 어리숙하다는 이유로 아이들에게 따돌림을 받는 학생이었다. 지혁이는 이런 주호에게 친절하게 대해 주며 함께 어울린다. 하지만 그들의 모습은 진정한 친구의 모습은 아니었다. 주호보다 우월한 위치에 있다고 느낀 지혁이의 행동은 자연스럽게 주호에게 괴롭힘으로 다가왔다.

문제는 지혁이가 자신의 행동에 전혀 문제를 느끼지 못했다는 것이다. 늘 칭찬만 받고 자라온 지혁이는 무심코 한 행동 하나하나가 주호처럼 내성적인 학생에게는 상처가 될 수도 있다는 것을 알 수가 없었던 것이다. '무심코 던진 돌에 개구리는 맞아서 죽는다'는 말이 있다. 힘이 있는 사람이 무심코 하는 행동이 힘이나 마음이 약한 사람에게는 큰 고통이 될 수도 있다는 이야기다. 지혁이는 똑똑한 학생답게 잘못이 없다고 고집을 피우기보다는 자신의 잘못된 행동을 돌아보고, 지금은 주호와 같은 중학교에 진학해 이제는 진짜 우정을 나누는 친구 사이로 발전했다고 한다.

담임선생님들은 학생들에게 조회 종례를 통해서 자신을 한번 돌아보도록 하는 시간을 갖게 해야 한다. 나는 특별히 괴롭히고자 한 행동은 아니었고 '그저 장난일 뿐이야' 라고 생각했지만, 받아들이는 사람이 혹시 상처 입을만한 말이나 행동은 아니었는지? 이제부터는 서로 존중하고 배려하는 친구가 되도록 함께 노력해 보자고 하는 시간을 가져보면 좋을 것이다.

3. 학교폭력 예방 및 대책에 관한 교사의 책무

가. 가해학생과 피해학생의 격리 및 피해학생 · 신고학생 보호

1) 가해학생과 피해학생의 격리

① 격리의 목적

- 가 · 피해학생 간 2차적인 폭력사태를 예방한다.
- 사안조사를 위해 가 · 피해학생의 심리적, 신체적 상태를 회복한다.

② 격리의 방법

- 사안조사 기간 중 가 · 피해학생이 서로 접촉하지 않을 수 있도록 학교 실정에 맞게 사전에 격리 방안을 마련한다.
- 피해학생이 상담기관, 병원, 외부 쉼터, 자택에 머물게 되는 경우, 출석일수에 산입하고 평가 등에 있어서 불이익을 당하지 않도록 조치한다.

2) 피해학생 보호

신속하게 보건교사에게 도움을 청하여 학생의 피해 상태를 파악한 후 조치한다.

- 가벼운 상처의 경우 학교 보건실에서 1차 치료를 받도록 조치한다.
- 탈골, 기도 막힘, 기타 위급한 상황이라고 판단될 경우 119에 연락하여 도움을 청한다.

  ※ 보건교사의 1차 진단이 없더라도, 객관적으로 위급한 경우 즉시 119에 연락한다.
- 성폭력 피해학생은 신속하게 병원으로 이송하고, 증거를 보존하여 경찰에 신고한다.

  ※ 성폭력의 경우 담임교사 혼자 증거를 파악, 보존하는데 어려움이 있으므로 반드시 보건교사, 책임교사 등과 협조하여 처리한다.

유의사항
아동 · 청소년 대상 성범죄는 「아동 · 청소년의 성보호에 관한 법률」 에 따라 강제추행 이상의 중대 사안은 경찰 등 수사기관에 반드시 신고를 해야 한다.
※ 신고의무를 위반하거나 거짓으로 신고 시 법률에 따라 300만 원 이하의 과태료가 부과됨에 유의

3) 신고학생 보호

· 신고학생 비밀보장을 철저하게 하여 가해학생으로부터 보복폭행을 당하지 않도록, 신고학생의 신상이 조사과정 등에서 누설되지 않도록 각별히 유의한다.
· 신고학생에 대해서는 사안 종료 시까지 신변의 안전을 보호할 수 있는 조치를 하되, 가해학생이 정황을 파악할 수 없도록 세밀하게 조치해야 한다.

나. 학교폭력 전담기구에 신고 및 해당 학부모 면담

1) 학교폭력 전담기구에 신고

· 학교폭력 사안이 발생하면 학교폭력 전담기구에 즉시 신고해야 한다. 단, 담임교사가 자체적으로 해결할 수 있는 사안의 경우 해결을 완료한 후 전담기구에 신고한다.
· 학교폭력 전담기구에의 신고는 원칙적으로 정해진 서식에 따라 서면으로 하되, 긴급한 경우 전화, 구두보고 등으로 할 수 있다.

2) 사안조사 : 학교폭력전담기구와 협의 하에 진행

(1) 피해학생 면담

· 가해학생이나 다른 학생이 모르게 진행하고, 피해학생이 솔직하게 이야

기할 수 있는 분위기를 만드는 것이 중요하다.

- 피해의 유형, 학교폭력의 구체적인 사실, 가해학생 명단 등 구체적인 증거를 확보한다.
- 학생이 담임교사와의 면담을 어려워하는 경우 전문상담교사의 지원을 받도록 한다.

(2) 가해학생 면담

- 피해학생 면담, 구체적인 증거를 확보한 이후에 진행한다.
- 집단폭행을 조사할 경우에는 관련 학생 모두를 한꺼번에 불러 다른 장소에서 일제히 조사하여 상황을 조직하지 못하도록 한다.
- 피해학생을 보복할 경우, 더 무거운 징계를 받을 수 있음을 주지시킨다.

〈학교폭력 발생 시 학생면담의 실제〉

□ 학교폭력 면담의 목표

- 제3자의 입장에서 객관적인 사실 확인과 피·가해학생 측의 정서적·심리적 지지
- 위기상황에 대한 응급대처, 갈등해결과 전문서비스 연계를 통한 대응
- 원만한 사건 해결을 유도하여 피·가해학생의 학교적응 용이

□ 학교폭력 면담의 기본 원칙

신속성	중립성	개별화	구체화	적극성	자료화	연계성	지속성

□ 학교폭력 사안관리를 위한 기본 원칙

- 모든 업무에 우선한다.

· 혼자서 절대 처리하지 말고 관리자(교장, 교감)에게 즉시 보고한다.
· 교육청이나 전문가와 상의하고 평상시에 사안 발생에 대비한다.
· 대응에 필요한 법규를 숙지하고 객관적인 입장에서 공정하게 대응한다.
· 피 · 가해학생에 대한 신속한 조치를 요할 경우, 자치위원회의 결정을 기다리지 말고 우선적인 조치를 취하고 나서 자치위원회에 통보한다.

□ 피해학생 면담

교사는 학생의 언행을 주의 깊게 살펴봄으로써 학생의 눈맞춤 정도, 눈빛, 손떨림, 목소리 크기 및 높낮이 등을 통해 학생의 불안, 분노, 우울 등을 파악할 수 있고 심각하다고 판단한 경우 상담교사와 협의하여 조치한다.

· 사건상황을 기록하고 사건을 객관적으로 증언할 수 있는 학급동료를 구하며, 교사와의 협력관계를 구축하여 피해학생의 심정을 깊이 공감해 주어야 한다.
· 가해학생에게 사과 행동과 책임의식의 학습 기회를 제공하여 피해학생에게 진심어린 사과를 하도록 함으로써 피해학생의 자존심 회복을 도와야 한다.
· 피해학생이 능동적으로 이 과정에 참여할 수 있도록 교육 및 상담을 통하여 스스로 자존감을 세울 수 있는 기회를 주어야 한다.

가해학생의 사과 ☞ **자존감 회복** ☞ **동등한 관계 회복**

□ 가해학생 면담

가해학생의 면담도 피해학생 면담 과정과 크게 다르지 않다. 다만 피해학생은 공감과 지지가 많아야 하고, 가해학생은 가정환경과 상황에 대한 고려가 전제되어 면담이 진행되어야 한다.

· 가해학생에 대한 무조건적 비난과 평가를 삼가고 상황적 요인에 대한 고려가 필요하다.
· 피해학생이 당한 충격과 상처를 이해시키고 폭력에 대한 왜곡된 인식 수정이 필요하다.
· 학교폭력 처리 절차 설명과 이후 재발방지에 대한 당부를 한다.
· 가해학생은 대부분 부인하고 회피하려는 방어기제를 많이 쓰게 되므로 초반에 솔직하게 다 얘기하는 것이 도움이 된다는 것을 강조해야 한다.

□ 피 · 가해학생 조사 시 유의할 점
· 피 · 가해학생을 각자 개별적인 장소에서 면담을 진행해야 한다.
· 집단폭행이나 목격학생을 조사할 때에는 관련 학생 모두를 한꺼번에 불러 다른 장소에서 일제히 조사해야 한다.
· 가해학생이 진심으로 미안하다는 의사를 표현하고 다른 학생은 이를 수용하는 자세를 가지도록 도와주어야 한다.
· 사건을 은폐하거나 축소하려는 의도를 보여선 안 되며 학교측의 적극적인 개입을 통해서 피 · 가해학생에 대한 적절한 조치를 취하겠다는 강한 의지를 표명해야 한다.

3) 해당 학부모 면담 : 1차 사안조사를 마친 후 면담 진행

· 학부모 면담은 면대면 1 : 1면담을 하는 것이 원칙이나, 경미한 사안의 경우 전화를 통한 상담도 가능하다.
· 면담일시, 면담 내용은 기록으로 남기고, 그 결과를 학교폭력전담기구에 통보한다.
· 학부모의 어려운 상황을 충분히 이해하고, 감정이나 판단이 섞인 말을 사용하는 것은 자제해야 하며, "사실" 위주로 이야기해야 한다.

구분	면담시 유의사항
피해학생 학부모	· 피해학생 학부모의 아픈 심정을 충분히 공감하고, 사안 해결의 의지를 보여주어 담임교사를 신뢰할 수 있도록 하여, 피해학생 학부모의 격한 감정을 완화시키는데 최선을 다한다. · 피해 사실과 학교독력대책자치위원회 개최 등 향후 조치계획을 설명하고, 피해학생이 신체적 · 정신적 피해를 신속하게 치료할 수 있도록 병원, 상담기관 등을 안내한다. · 필요시, 피해학생이 전문단체나 전문가로부터 심리상담 및 조언, 일시보호, 치료를 위한 요양 등에 소모되는 비용은 「학교폭력예방 및 대책에 관한 법률」 제16조에 따라 학교안전공제회에서 우선 부담할 수 있음을 안내한다. ※ 2012. 4. 1. 기준 학교폭력으로부터 피해를 받아 치료를 받고 있는 사람부터 적용한다.
가해학생 학부모	· 가해 사실과 학교폭력대책자치위원회 개최 등 향후 조치계획을 설명한다. · 피해학생에게 보복 행위를 하지 않도록 알려주어야 한다. · 피해학생의 부모가 원하지 않는 경우, 가해학생 학부모에게 피해학생 부모의 연락처를 알려주어서는 안 된다.

(1) 피해학생 학부모

자녀의 피해사실에 대하여 놀라고 당황스러워하는 한편 가해학생에 대한 분노와 원망, 억울함, 자신의 자녀에 대한 미안함 등으로 자기가 자녀를 대신하여 무엇이라도 해주고 싶은 마음이 들 수 있다는 것을 인지해야 한다.

- 학부모의 감정을 수용 · 이해하고 경청한다.(정서적지지)
- 학부모가 말하는 피해사실을 객관적으로 인지하고 진심어린 사과와 유감을 표한다.
- 학부모와 피해학생의 요구사항을 정확히 묻는다.
- 추후 처리과정을 설명하고 사실에 근거하여 문제를 해결할 것을 약속한다.
- 학생의 보호와 안정, 적응을 의해 노력할 것을 약속한다.
- 사건은폐를 의심할 만한 어떠한 진술도 하여서는 안 된다.

(2) 가해학생 학부모

자기 자녀가 다른 학생에게 폭력을 휘둘렀다는 사실에 당황스러움과 혼란스러움, 의심, 미래에 대한 불안감 등을 경험하게 되며 동시에 잘못을 인정하면 더 큰 피해를 입을지도 모른다는 우려도 할 수 있다는 것을 인지해야 한다.

- 학부모의 감정을 수용하되 피해학생의 피해정도와 가해행위는 정확히 알려 준다.
- 가해측의 진심 어린 사과의 중요성을 인지시키고 향후 절차를 안내한다.
- 가해학생에게 교육적으로 적절한 지도와 선도가 이루어질 것임을 알린다.
- 이번 일로 가해학생이 학교에서 낙인찍히지 않을 것임을 알려 준다.
- 가정에서 학생에 대한 특별한 관심과 지도를 부탁한다.

(3) 피해학생 학부모가 경찰에 고소한 경우

- 가해측의 부모가 가해사실을 인정하지 않거나 축소 내지 합리화할 때
- 학교 측에서 효과적으로 사안처리하지 않거나 성의 없는 태도를 보일 때
- 피해상황이 매우 심각하고 피해 후유증이 명확하게 예상될 때

- 학교 차원에서 할 수 있는 보호 및 지도조치를 계속적으로 실시하는 것이 좋다.
- 법적 절차가 진행되는 동안 가해행동이 재발하지 않도록 주의한다.
- 가해학생을 상담교사나 지역 상담센터와 연계하여 지속적으로 상담을 실시한다.

다. 사후 생활지도

1) 피해학생에 대한 생활지도

- 학교폭력전담기구와 협의하여 피해학생의 신체적 · 정신적 피해가 조속히 치유될 수 있도록 최우선적으로 지원한다.
- 학생이 안정적인 학교생활을 할 때까지 학교 내 전문상담교사 또는 외부의 상담전문가를 통해 정기적으로 상담을 할 수 있도록 지원한다.

2) 가해학생에 대한 생활지도

- 학교폭력대책자치위원회의 조치를 이행하고 학교에 복귀한 가해학생에 대해서는 더욱 세심한 생활지도가 필요하다.
- 가해학생이 진심으로 반성하고 새롭게 시작할 수 있도록 정기적으로 상담을 한다.
- 가해학생에 대한 학교폭력대책자치위원회의 조치사항이 학교생활기록부에 기재되므로, 학생에 대한 세심한 관심을 가지고 긍정적인 변화행동을 관찰하여 '봉사활동', '창의적 체험활동 상황', '행동발달 및 종합의견'란 등에 충분히 기록한다.

〈예시〉 (인성요소) + 구체적인 활동사항 기재
(규칙준수) '12. 3월 학교폭력예방 및 대책에 관한 법률 제17조 1항 5호에 의한 징계조치를 받아 성실히 참여하였고, 특히 Wee센터의 치유 · 상담 프로그램에 참여한 후 타인을 이해하고 규칙을 준수하는 생활태도를 갖게 되었음. 또한 급우간의 학교폭력 문제를 앞장서 해결하기 위해 또래 상담활동에 적극 참여하고 중재역할을 모범적으로 수행하여 급우간의 신망이 높음(봉사시간 10시간)

4. 학교폭력 전담기구의 구성과 역할

학교폭력 전담기구는 평상시 학교폭력 실태조사, 학교폭력 예방사업을 추진하고, 학교폭력 사안 발생시 신고접수, 사안조사 등을 실시하여 학교장과 학교폭력대책자치위원회에 보고하여야 한다.

가. 학교폭력 전담기구의 구성

- 학교장은 교감, 전문상담교사, 보건교사 및 책임교사(학교폭력 문제를 담당하는 교사) 등으로 학교폭력 문제를 전담하는 기구(이하 "전담기구")를 구성·상시 운영해야 한다.
- 전담기구의 사안조사, 사무처리를 위해 별도의 사무실, 운영비 등을 지원한다.

나. 학교폭력 전담기구의 역할

1) 학교폭력 사안 발생 시

학교폭력 신고접수 및 피해학생 학부모에게 통보	· 전담기구는 학교폭력 신고 접수대장을 비치하고 117신고센터, 학교장, 교사, 학생, 학부모, 외부인으로부터 신고받은 사안에 대해 기록·관리한다(비공개). · 학교폭력 신고 접수대장은 학교장, 교원의 학교폭력 은폐여부를 판단하는 중요한 기초자료로 활용되므로, 사소한 폭력이라도 신고한 것은 접수하여야 한다. · 접수한 사안에 대해서는 즉시 피해학생 학부모에게 통보하고, 통보일자·통보방법 등 통보사실을 기록한다.

학교폭력 사안조사	· 학교폭력 사태를 인지한 경우 가해 및 피해사실 여부에 대해 조사하여야 한다. 이 경우 담임교사의 협조를 구할 수 있다. · 책임교사 : 사안의 조사를 총괄하며, 조사방향을 정하며, 조사한 결과를 학교장 및 자치위원회에 보고한다. · 보건교사 : 피해 · 가해학생의 신체적, 정신적 피해상황을 파악하고 필요시 전문기관에 의뢰한다. · 전문상담교사(전문상담사) : 피해 · 가해학생과 상담을 의무적으로 실시하여 심리적, 정서적 상황을 파악한다.
학교폭력대책 자치위원회 개최전 사전 심의	· 신고된 학교폭력 사안에 대해 사전 심의를 실시하고, 심의 내용을 상황보고서로 작성하여 학교장 및 자치위원장에게 보고한다.
집중 보호 또는 관찰 대상 학생에 대한 생활지도	· 해당 학생 담임교사와 함께 지속적인 상담 등을 실시한다.

2) 학교폭력 예방 활동

학교폭력 실태조사	· 연 2회 이상 정기적으로 학교폭력에 대한 실태조사를 실시하여 학교폭력 사안처리의 기초자료로 활용하고, 학교폭력 예방계획 수립에 반영한다.
학교폭력 예방교육	· 학생, 교직원, 학부모에게 시행할 예방교육 프로그램 계획을 수립하고 운영한다. · 학교폭력 예방교육 계획 수립 시 자치위원회의 심의를 거치도록 한다(필요시 외부전문기관의 자문을 실시한다).

다. 학교폭력전담기구 구성원의 역할

1) 책임교사

· 폭력 사안의 조사 방향에 대해 판단을 내리고, 사안조사를 전반적으로

총괄, 피해 · 가해학생의 담임교사 및 전문상담교사 등의 협조를 얻어 사안의 진상을 조사한다.

- 학교폭력 상황, 주위 학생 안전 및 질서 유지, 진행상황 등을 육하원칙에 따라 기록하고 증인 및 증거자료 확보 후 자치위원회에 보고한다.

2) 보건교사

- 피해 · 가해학생의 신체적 · 정신적 피해 상황을 파악하고, 응급조치 및 신속하게 피해학생을 파악하여 전문기관에 의뢰한다.
- 긴급한 사안의 경우 119에 연락을 취하고 피해학생 병원 이송 시 동승한다.

3) 상담교사

- 책임교사가 필요하다고 판단하여 협조를 요청한 경우, 피해 · 가해학생에 대한 심리검사 및 상담을 실시하여 학생의 상태에 대한 소견을 제시한다.
- 학생에 대한 조사과정 자체가 상담의 과정이므로 상담의 기본태도를 지키면서 조사를 진행한다.

라. 정보보안에 관한 책임

- 가해학생 · 피해학생 및 제20조에 따른 신고자 · 고발자와 관련된 자료를 누설할 경우 300만 원 이하의 벌금이 부과됨에 유의한다(「학교폭력 예방 및 대책에 관한 법률」 제21, 제22조).

유의사항

- 책임교사, 상담교사, 보건교사가 사안 발생시 유기적인 협조를 할 수 있도록, 평소 학교 내 학교폭력 실태, 학생생활지도 방안 등에 대한 협의를 지속적으로 실시하는 것이 중요하다.
- 성폭력, 심각한 상해 등 신체적 독력의 경우 보건교사가 초기의 피해를 정확하게 파악하여 증거로 보존하고, 신속하게 조치를 취하도록 한다.

〈학교폭력예방 및 대책에 관한 법률 시행령 일부 개정령〉

□ 주요내용

- 학교폭력대책자치위원회 전체위원의 과반수를 학부모전체회의에서 직접 선출한 학부모대표로 위촉하도록 함(법률 제13조 제1항 개정)
- 피해학생 또는 그 보호자가 요청하는 경우, 학교폭력이 발생한 사실을 신고받거나 보고받은 경우, 회의를 소집해야 함(법률 제13조 제2항 신설)
- 자치위원회는 회의의 일시 · 장소 · 출석위원 · 토의내용 및 의결사항 등이 기록된 회의록을 작성 · 보존하여야 함(법률 제 13조 제3항 신설)
- 교육장은 학교폭력 예방교육 홍보물을 연 1회 이상 제작하여 학부모에게 배포하도록 함(법률 제15조 제4항 신설)
- 피해학생 또는 그 보호자가 요청 시 개인정보에 관한 사항을 제외하고 회의록 공개를 의무화 함(법률 제21조 제3항 개정)

□ 신 · 구조문 대비표

<table>
<tr><td colspan="4">공포: 법률 제 10642호 2011. 5. 19
시행: 공포 후 6개월이 경과한 날부터 시행(2011. 11. 20)</td></tr>
<tr><td colspan="4">학교폭력 예방 및 대책에 관한 법률 제13조</td></tr>
<tr><td rowspan="2">제목</td><td>개정 전</td><td>개정 후</td><td rowspan="2">비고</td></tr>
<tr><td>자치위원회의 구성</td><td>자치위원회의 구성 · 운영</td></tr>
<tr><td rowspan="3">조문</td><td>① 자치위원회는 위원장 1인을 포함하여 5인 이상 10인 이하의 위원으로 구성한다.</td><td>① 자치위원회는 위원장 1인을 포함하여 5인 이상 10인 이하의 위원으로 구성하되, 대통령령으로 정하는 바에 따라 전체 위원의 과반수를 학부모전체회의에서 직접 선출된 학부모대표로 위촉하여야 한다. 다만, 학부모전체회의에서 학부모대표를 선출하기 곤란한 사유가 있는 경우에는 학급별 대표로 구성된 학부모대표회의에서 선출된 학부모대표로 위촉할 수 있다.</td><td>개정</td></tr>
<tr><td colspan="2">② 자치위원회의 위원장은 다음 각 호의 어느 하나에 해당하는 경우에 회의를 소집하여야 한다.

1. 자치위원회 재적위원 3분의 1 이상이 요청하는 경우
2. 학교의 장이 요청하는 경우
3. 피해학생 또는 그 보호자가 요청하는 경우
4. 학교폭력이 발생한 사실을 신고받거나 보고받은 경우
5. 그 밖에 위원장이 필요하다고 인정하는 경우</td><td>신설</td></tr>
<tr><td colspan="2">③ 자치위원회는 회의의 일시, 장소, 출석위원, 토의내용 및 의결 사항 등이 기록된 회의록을 작성 · 보존하여야 한다.</td><td>신설</td></tr>
</table>

<table>
<tr><th colspan="4">학교폭력 예방 및 대책에 관한 법률 제15조</th></tr>
<tr><td rowspan="2">제목</td><td>개정 전</td><td>개정 후</td><td rowspan="2">비고</td></tr>
<tr><td>학교폭력 예방교육</td><td>학교폭력 예방교육 등</td></tr>
<tr><td>조문</td><td colspan="2">④ 교육장은 학교폭력 예방교육 홍보물을 연 1회 이상 제작하여 학부모에게 배포하여야 한다.</td><td>신설</td></tr>
</table>

<table>
<tr><th colspan="4">학교폭력 예방 및 대책에 관한 법률 제21조</th></tr>
<tr><td>제목</td><td colspan="2">비밀누설금지 등</td><td>비고</td></tr>
<tr><td>조문</td><td>③ 제16조부터 제18조까지의 규정에 따른 자치위원회의 회의는 공개하지 아니한다.</td><td>③ 제16조부터 제18조까지의 규정에 따른 자치위원회의 회의는 공개하지 아니한다.

다만, 피해학생 · 가해학생 또 그 보호자가 회의록 공개를 신청한 때에는 학생과 그 가족의 성명, 주민등록번호 및 주소, 위원의 성명 등 개인정보에 관한 사항을 제외하고 공개하여야 한다.</td><td>개정</td></tr>
</table>

Ⅵ. 학생 자살 예방 및 위기 대응

1. 자살이란?
2. 임상 특징
3. 치료-실제 자살 시도 청소년에 대한 접근
4. 예후
5. 학생 자살사건의 사후개입
6. 학생 자살예방을 위한 상시관리

1. 자살이란?

❍ 자살 행동이란 고의로 자기를 해치거나 죽음에 이르게 하는 생각(자살 사고)과 행동(자살 기도, 자살)을 말한다. 이는 다른 행동들, 예컨대 머리를 치는 행동, 반복적으로 피부를 째는 행동, 머리카락을 뽑는 행동들과 구분되어야 하는데, 이러한 행동들은 대개 사망을 초래하기 위한 의도를 갖지 않는다.

✔사망에 대한 의도가 있느냐?
- ➚ Yes ➠ 자살 행동 (O)
- ➘ No ➠ 자살 행동 (×)

❍ DSM-IV의 진단 기준에 따르면, 자살 사고나 행동은 정신질환은 아니고 주요 우울장애, 경계선 인격장애와 같은 질환의 진단 기준 중에 포함되어진다. 아동기 자살 행동을 평가하고 적절한 개입을 하기 위해서는 아동의 연령 및 인지, 감정적 성숙도에 따라 자살 행동의 양상에 차이가 나타날 수 있다는 점을 고려해야 한다.

❍ 자살은 한 개인이 고통적인 상황에서 도저히 희망이 없고 해결방법이 없다고 여겨질 때 고려하게 되는 극단적인 문제해결 방식의 하나이며 가장 심각한 정신의학적 병리 중 하나이다. 우리나라는 OECD 국가 중 자살률 1위이며, 특히 청소년의 경우 사망원인 1위가 자살이다. 최근 각종 매체에서는 충격적인 청소년 자살의 사례가 보고되는 등 우리 사회에서 청소년 자살은 적극적인 개입이 필요한 심각한 사회 문제로 자리매김하고 있다. 자살은 일회적이고 순간적인 병리가 아니라 만성적으로 진행되는 병리이며 청소년의 자살행동은 유전적, 생물학적, 인지행동적, 정서적, 환경적인 요소들이 복잡하게 연관되어 있는 문제이다.

❍ 요즘 신문, 방송들을 보면, 자살을 했다는 청소년들의 이야기를 심심찮게 접할 수 있다. 통계를 보면 우리나라에서는 연간 11,523명이 자살을 하며 20대 및 30대의 사망 원인의 1위가 자살이며 10대들은 사망원인으로는 자살이 사고 다음으로 두 번째를 차지하고 있다. 그런데 자살은 그 어떤 질환보다도 우울증이 매우 밀접하게 관련되어 있다. 우울증이 쉽게 고칠 수 있다는 것을 생각하면, 효과적인 우울증의 치료는 많은 청소년의 생명을 구할 수 있는 일이다. 우울증을 가진 소아청소년의 70%에서 자살사고를 갖거나 자살을 시도하고, 우울증을 가진 10대의 36%에서 자살을 기도하며 예전에 한번이라고 시도했던 경험이 있는 아이는 더 많이 시도한다.

❍ 사춘기 이전에는 실제 자살률이 그리 높지 않다. 하지만 청소년기에 이르면 우울증의 유병률이 증가하고 신체적 · 인지적으로도 급격하게 성장 · 발달이 일어나면서 자살률은 급격하게 증가한다. 청소년기는 발달학적으로는 자아정체성 형성과 부모와 심리적인 독립이라는 중대 과업을 이루느라 부모와의 갈등뿐 아니라 내적 갈등이 심해지고 외적인 부분에서도 학업의 스트레스, 친구관계, 왕따, 학교 폭력 등 스트레스는 더욱 증가하는 시기이다.

❍ 다행스러운 것은 청소년의 자살 사고 및 자살 시도는 치료 가능하며 특히 우울증과 같은 자살의 주요 위험인자는 효과적인 치료로 좋은 결과를 기대할 수 있다는 점이다. 하지만 현실적으로 자살의 위험성이 높은 청소년들에게 자살에 대한 적절한 평가와 치료가 이루어지는 경우가 아주 많지는 않다. 이는 많은 부모들이 자녀의 문제를 잘 인식하지 못하거나 과소평가하기 쉬우며 정신과적 치료에 대한 거부감이나 부정적인 인식 때문에 적절한 시기에 치료적인 개입이 이루어지지 못하기 때문이다.

2. 임상 특징

❍ 자살 사고와 자살 행동은 발생시기와 기간의 측면에서 명백하게 정의되고 서술될 수 있는 성질을 갖고 있다. 자신에게 해를 입히려는 의도는 자살 행동을 정의하는데 있어 필수적인 요소이다. 자살 의도는 명백하게 나타날 수도 있지만, 애매한 경우도 있다. 자살 행동은 죽고 싶은 소망을 포함하지만, 아동기 자살 행동을 평가하는데 있어서 죽음이 끝이라는 개념에 대해 아동이 충분히 이해하고 있는가 하는 점은 중요하지 않다. 죽음에 대한 개념은 서서히 형성되며 청소년이 되어서도 죽음에 대한 성숙한 개념을 갖지 못하는 경우도 있다. 따라서 어린 아동의 경우 죽음이 마지막이라는 것을 이해하는 것이 자살 행동의 필수 요소가 될 수 없고 죽음은 어떻게 개념화되는가와 무관하게 자살 행동의 목표로 인정되어야 한다.

※ 청소년 자살의 특징

1) 충동적이어서 순간적으로 발생함
2) 예측이 불가능함
3) 피암시성이 강하다-동반자살이나 모방 자살이 많음
4) 사회문화적 영향을 많이 받음
5) 청소년기의 특징이기도 함
6) 여학생의 경우 우울감이 높고, 자살사고와 시도를 더 많이 하지만, 자살 성공률의 경우는 남학생이 높음

❍ 우리나라의 소아 청소년들의 상당수는 자살 사고를 가지고 있다. 하지만 심각한 행동으로 나타나기 전까지 주변에서는 잘 모르는 경우가 많고 설령 '죽고 싶다'는 표현을 하더라도 가볍게 여기기도 한다.

❍ 이렇게 절망적인 생각을 하는 아이들에게 자살 사고에 대해서 찬찬히

물어 보는 것은 결코 자살 행동으로 연결되지 않으며, 오히려 아이들을 보호할 수 있다는 것을 기억해야 한다.

❍ 아동의 자살 행동을 평가하기 위해서는 아동과 부모를 대상으로 포괄적인 면담이 시행되어야 하며, 동시에 아동을 잘 아는 다른 사람들로부터 많은 정보를 얻어야 한다. 사춘기 전 아동들의 경우 자살 생각과 행동에 대해 이야기할 때 인지적, 감정적인 상태와 상황적 요소의 영향을 많이 받게 된다. 또한 부모의 태도, 정신병리, 자녀에 대해 알고 있는 수준에 따라 부모가 주는 정보의 신뢰도에 큰 차이가 있을 수 있다. 면담과 평가는 자살 행동의 위험도가 가장 높은 시기에 시행한 후, 위험도가 감소될 때까지 자주 반복해서 시행해야 한다. 아동을 평가할 때 가장 중요한 것은, 현재의 즉각적인 위험의 정도를 결정하는 것이다. 만일 아동의 상황이 예측하기 어려운 것이라면, 응급 입원을 고려해야 한다. 평가에서 주로 이루어져야 할 것은 자살 사고 또는 행동시의 상황으로 죽으려고 했는지, 아니면 상처를 입히려고 했는지, 누군가 구출이 가능한 상황이었는가, 자살 방법은 치명적이었는가 등을 평가해야 한다. 또한 아동이 갖고 있는 정신병리의 종류와 심한 정도, 판단력의 적절성, 충동 조절 능력, 절망감의 정도와 같은 대처 능력의 정도, 의사소통 능력 등의 상태를 알아보아야 한다.

※ 청소년의 흔한 자살심리

1) 입시부담, 학내 폭력, 부모처벌 공포 등의 어려운 상황을 피하기 위한 회피심리
2) 부모, 선생님, 이성 친구에 대한 강한 분노 감정으로 인한 보복심리
3) 못난 자기 징벌성의 자기 처벌심리
4) 욕구좌절시 성질을 자제하지 못하고 흥분하는 충동적인 자해심리
5) 대인관계 상실시 죽은 친구나 부모를 저승에서 만나기 위한 재결합심리

➠ 자살의 원인은 한 가지로 요약할 수 없고, 복잡하고 다양한 원인들이 관여하며 표면적으로 드러난 원인은 방아쇠 역할을 한다.

❍ 자살의 가능성이 높거나 혹은 자살 사고를 가지고 있는 청소년을 찾아내는 것이 예방의 첫 걸음이 된다. 청소년에서는 특히 식사와 수면습관의 변화, 친구나 가족, 그리고 일상적인 활동을 멀리하는 것, 약물과 알코올 남용, 외모에 대해 평소와 달리 신경을 쓰지 않는 것, 뚜렷한 성격의 변화, 지속적인 권태감, 집중력 저하, 또는 학업 성적의 저하, 복통, 두통, 피로 등 정서와 관련되어 나타나는 신체증상을 자주 호소함, 즐거운 활동에 대한 흥미의 상실 등이 보일 때 자살의 가능성을 고려하여야 한다.

❍ 자살의 위험성이 의심되는 청소년에게는 위험 요인에 관해 물어 보는 것과 직접적으로 자살 의도에 대해 질문하는 것이 중요하다. 특히 남성인 경우, 강한 자살 의지를 보일 때, 치명적인 시도를 한 경우, 기분장애나 약물(술 포함) 남용의 병력이 있는 경우, 과거 자살시도가 있거나 치료에 불응 등이 보이는 경우에는 더욱 적극적인 치료적 중재를 시작하도록 해야 한다.

❍ 자살의 가능성에 대한 평가는 크게 5가지 영역에 대해 시행되어야 한다.

※ 자살 가능성 평가
1) 자살의 의도 및 동기의 파악
2) 현재 및 과거 정신질환 유무
3) 절망감, 사회기술 부족 등을 포함하는 개인의 심리적 특성
4) 부모의 정신질환, 불화 등 가정 및 환경적 요인
5) 친구와의 다툼, 왕따 등 최근의 생활사건 혹은 스트레스

❍ 자살의 위험도는 다음과 같이 평가한다.

※ 자살 위험도 평가
1) 먼저 일반적인 위험도에 대한 평가를 해야 한다. 즉, 평소 행동에서 얼마나 변화가 있는지, 신체적인 불편감이나 질병이 있는지, 약물 복용이나 남용은 없는지, 죽음에 대한 집착, 가족이나 친구의 죽음, 심리사회적 스트레스, 학교 적응은 어떤지 하는 것에 대해 알아본다.
2) 직접적으로 다음과 같은 질문을 통해 자살에 대해 물어야 한다.

"자살에 대해서 생각해 본 적이 있는가?",
"자살의 구체적인 방법을 생각해 본 적이 있는가?",
"죽는 게 더 낫겠구나 하고 바란 적이 있는가?",
"자신이 살 가치가 없다고 생각해 본 적이 있는가?"
"자살을 시도해 본 적이 있는가?"

❍ 자살 시도를 했던 청소년의 면담에서는 다음의 부분을 평가하여야 한다.

※ 자살 시도를 했던 청소년의 면담에서 평가할 부분

1) 자살 시도에 선행했던 사건
2) 자살 의지의 정도와 이유
3) 현재 처해져 있는 문제
4) 정신 질환의 존재 여부와 성격
5) 가족 및 개인력
6) 과거 정신 질환 혹은 자살 시도
7) 적응을 위한 지지 체계
8) 자살 재시도의 위험도
9) 주위 사람과 가족들의 태도를 평가

❍ 자살 시도로 응급실이나 병원을 방문하게 될 정도의 심각도를 가졌던 청소년에서는 입원치료도 고려해야 하는데 입원치료의 기준은 다음과 같다.

※ 입원치료의 기준

1) 주요 우울증, 알코올 중독을 포함한 약물 남용, 양극성 장애, 심한 공격성, 과거 자살 시도 및 과거 정신과 치료를 거부한 경우
2) 강한 자살 생각을 갖는 경우, 자살에 더해 강한 의지를 나타내거나 혹은 치명적인 자살 시도를 했던 경우
3) 가정 내 학대를 경험했거나, 심한 부모의 정신 질환이 있는 경우, 그리고 가족들이 환자를 감시하거나 보호할 수 없거나 하고자 하는 의지가 부족한 경우 등이다.

"대다수의 청소년들이 충동적이고 예측 불가능한 자살시도를 하지만 주의 깊게 살펴보면 자살 시도 전 징후를 포착할 수 있다!!"

※ 청소년 자살의 징후

1) 직접적 행동 단서

· 수면제, 진통제, 감기약 등을 자살 목적으로 지속적으로 모아서 감춘다.
· 끈이나 칼 등 자살도구를 준비하여 감춘다.
· 의미 있는 개인소장품이나 수집물건을 남에게 주거나 태우거나 버린다.
· 죽음이나 자살사이트에 심취한다.
· 일기장, 노트, 메모장에 글이나 그림, 낙서로 자살이나 죽음에 대해 표현한다.
· 주위 사람에게 자살이나 죽음에 관련된 말을 흘린다.

2) 직접적 언어 표현

· "나는 정말 죽고 싶어."
· "나는 더 이상 지탱할 힘이 없어."
· "나에게는 더 이상 사는 것이 의미가 없어."
· "내가 없어지면 모든 것이 훨씬 나아질 거야."
· "나는 이 세상에 쓸모가 없어."
· "안녕"
· "내가 사라지면.."

3) 간접적 행동이나 상징적 단서

· 지나치게 환상적, 공상적 내용의 소설, 만화, 영상에 심취한다.
· 실연이나 상실에 대해서 지나치게 미화시키는 대중음악 등에 심취한다.
· 자살에 대해서 모험적, 로맨틱하게 생각한다.
· 칭찬이나 포상을 거부하는 행동을 한다.
· 성격의 심한 변화를 보인다.
· 외모에 대한 관심이 결여된다.
· 식사와 수면상태의 변화가 나타난다.
· 에너지가 떨어져 쳐져 있다.

※ 자살 예방을 위해 교육해야 할 내용

1) 감정을 표현하도록 격려한다. 나의 감정을 단어로 표현해 보는 것, 그리고 때로는 슬픔을 느끼고 우는 것이 창피하거나 부끄러운 것이 아니라 자연스러운 반응이라는 것을 받아들일 수 있도록 한다.
2) 힘들고 지칠 때 자신만의 탈출구를 만들 수 있도록 알려 준다. 모든 사람들은 스트레스를 받을 때 일시적으로 피할 수 있는 도피처, 스트레스 해소법이 필요하다.
3) 나의 생각 점검하기다. 어려운 상황에서 양자택일의 사고방식을 하고 있지는 않은지 내 생각을 바라보는 것이 필요하다. 둘 중 하나, 모 아니면 도, 죽기 아니면 살기 식으로 극단적 결정을 내리는 것은 위험하다. 문제를 빨리 마무리짓고 싶은 도피적 행동은 피해야 하며 시간이 걸리더라도 좋은 해결 방법을 찾는 과정을 겪어 보는 것이 도움이 된다.
4) 해결방안 찾아보기다. 해결방법을 찾아보고 글로 적어 보고 내가 생각해 내지 못한 것을 다른 사람이 생각해 낼 수도 있다고 인정하고 물어 보는 게 필요하다. 마지막으로 도움 요청하기다. 나에게 도움을 줄 수 있는 사람이 누가 있을지 생각해 보고 먼저 도와 달라고 손을 내미는 것이 용기다.

3. 치료 - 실제 자살 시도 청소년에 대한 접근

❍ 자살 시도가 있었던 청소년의 치료는 급성 의학적 처치, 정신과 혹은 일반 병동 입원 여부의 결정, 위기 개입 치료, 그리고 자살 사고를 감소시키기 위한 장기적 전략이 포함된다. 의사는 자살을 시도한 환자의 상태를 가능한 한 빨리 환자의 가족에게 알려야 하고, 평가 및 치료의 과정에 대해 자세히 설명을 해 주어야 한다. 또한 무관심, 적대감, 소홀과 같은 가족요소들도 환자에게 부정적인 영향을 줄 수 있기 때문에 이를 평가하며 치료에 반영해야 한다.

❍ 자살과 자살 행동의 위험도가 높은 청소년에게는 자살하지 않겠다는 약속("no-suicide contract")을 하며 치료에 대한 순응도를 높이도록 한다. 한 조사에서는 자살을 시도한 청소년들의 약 절반만이 1회 외래방문을 할 뿐이고, 약 1/3만이 3번 정도 외래를 방문한다. 치료의 불응은 향후 더 심각한 정신

병리, 더 강한 자살 의지, 더 혼란된 가족 관계, 자살의 재시도와 연관되기에 치료를 유지하기 위해서 아래의 방안들을 활용한다.

※ 지속적인 치료 유지를 위한 방안들
1) 평가와 치료의 연속성을 유지한다.
2) 어떤 치료를 받을 것인지 분명하게 설명하고 다짐받는다.
3) 다음 번 예약시간을 명확하게 해 주고 예약 시간 전날 전화로 상기시켜 준다.
4) 가족, 교사 등을 치료에 참여시킨다.

❍ 자살 행동에 대한 치료적 접근으로는 심리사회적 접근 및 약물치료가 있다. 구체적으로 살펴보면 다음과 같다.

가. 심리사회적 접근들

인지 치료 (cognitive therapy)	환자의 절망감과 자살 생각의 감소, 외래 치료의 순응도 증진, 우울증의 재발 감소 등의 효과를 인지치료를 통해 얻을 수 있다. 감정 일지 쓰기를 통해 부정적 자동사고(automatic thoughts)를 점검하고, 새로운 것을 함께 해 보거나, 관심을 분산시키거나, 스스로 긍정적인 생각을 하게 함으로써 부정적 인지 왜곡을 줄여 나갈 수 있다.
사회기술훈련 (social skill training)	자살 시도 청소년들에서 심각한 대인관계 수행상의 어려움을 흔히 볼 수 있다. 사회적 행동에 관한 정보를 체계적으로 알려주고, 모델링하고, 목표 기술을 행동적으로 보여주고, 수행에 대한 평가가 있다. 적절한 주장과 타협, 긍정적인 또는 부정적인 감정의 표현, 가족이나 동료로부터 적절한 도움을 청하는 방법이 목표로 제시된다.
문제해결 기술훈련 (problem-solving skills training)	문제 인식, 대안 제시, 결과 생각해 보기, 결정 등 일반적인 기술들을 통해서 문제에 대한 좀 더 유연한 접근을 할 수 있도록 가르친다.
감정조절훈련 (affect regulation)	지나친 적개심이나 공격성, 예민함 등이 자살자들의 주요 양상 중에 한 요소이다. 청소년들은 성인에 비해 화가 나거나 흥분했을 때 충동적으로 자살하는 수가 적지 않다. 자기조절훈련의 기법으로 적개심, 공격성을 감소시키고 사회적으로 바람직한 행동을 증진시키며 이런 상황에서 자신이 화가 나거나 흥분했다는 것을 깨닫도록 가르친다. 점진적인 근육이완훈련, 복식호흡, 분노조절, 긍정적인 생각하기 등이 포함된다.

가족치료 (family-based treatment)	자살 위험 청소년의 치료에서 가족의 참여는 매우 중요하다. 가족의 역할, 양육 기술, 자살, 청소년기의 특성, 정신질환에 대한 정보와 교육을 제공하여 위기 청소년들에게 적절한 지지적인 환경을 제공하며 지속적인 치료가 이루어질 수 있도록 해야 한다. 또한 부모-자녀 관계의 왜곡된 의사소통을 중재하여 관계를 개선시키며 가족 간 적개심을 감소시킨다. 부모의 정신과적 문제 및 알코올이나 약물문제가 있다면 이를 치료한다.

나. 약물 치료(pharmacotherapeutic approach)

자살 행동 자체에 대한 효과가 있는 약물 치료는 없으나 동반된 정신 질환에 맞추어 약물을 사용하면 효과를 볼 수 있다. 자살을 시도한 청소년의 약 50%는 우울증을 가지고 있으며 이들에게는 부작용이 적고 비교적 안전한 SSRI계열의 새로운 항우울제를 투여하면 많은 호전을 보일 수 있다. 청소년기 우울증에 적응증을 받은 약물은 fluoxetine, escitalopram이 있으며 특히 중등도 이상의 우울 증상이 있는 경우, 약물 치료는 일차적으로 고려되어야 한다.

4. 예후

아동기에 나타나는 자살 경향은 청소년기와 성인기의 자살에 대한 위험도를 높이며, 따라서 이에 대한 조기 인식과 개입이 미래의 자살 행동을 예방하는데 있어 매우 중요하다. Pfeffer 등(1994)은 자살 행동을 보이는 아동의 경우 자살 행동이 없었던 아동에 비해 청소년기와 성인기에 자살 사고를 보이는 경우가 3배, 자살 기도를 하는 경우가 6배가량 많다고 보고하였다. 사회 부적응, 주요 우울장애, 기분부전장애가 모두 자살 기도의 유의한 위험 인자로 알려졌다.

가. 자살 위험이 있는 학생의 위기 개입

늘 밝고 명랑했던 영민이…… 어느 날부터인가 지각이 늘고 수업시간에도 집중을 하지 못하는 모습이 자주 보인다. 쉬는 시간에도 혼자 멍하니 낙서만 하고 있는데, 노트를 보니 '죽고 싶다'는 글귀가…… 반 아이들에게 물어 보니 요즘 친구들에게 살기 싫다는 이야기를 자주 했다고 한다. "영민이가 설마……"

지수 엄마는 요즘 고민이다. 고등학교 1학년인 지수는 공부도 잘하고 모범생이라는 말을 들을 정도로 학교생활도 잘 하는 아이였다. 그런데 어느 날부터인가 성적이 많이 떨어지기 시작했다. 집에서도 공부는 하지 않고 침대에 누워 잠만 자는 모습을 보였다. 그러던 어느 날, 엄마는 지수가 쓴 '사는 게 귀찮다, 죽고 싶다'는 내용의 메모지를 발견하게 된다. 이제까지 지수가 이런 생각을 할 것이라고는 단 한 번도 생각해 본 적이 없었기에 지수 엄마는 너무나도 당황스럽다. 어찌해야 할지 막막하고 무척 고민이 된다.

나. 자살의 징후 알아차리기

자살을 시도하려는 학생의 대부분은 자신의 자살 의도를 외부에 알리게 된다. 자살하려 하는 학생 또한 삶에 대한 의지가 있기 때문이다. 죽는 그 순간까지 삶과 죽음의 기로에서 계속 고민하게 되며, 이 때에 어떻게 개입하느냐에 따라서 결과는 충분히 달라질 수 있다.

자살 징후들을 자살을 시도하려는 학생이 보내는 도움요청의 신호로 생각하고, 자살 징후가 발견되면, 즉각적으로 자살 위기를 평정하고 위험도에 따라 신속하게 개입하여야만 한다.

1) 직접적 행동 단서

· 수면제, 진통제, 감기약 등을 모아서 감춰 둔다.
· 줄, 칼 등을 준비하고 감춘다.
· 자신의 물건을 정리하거나 의미 있는 소장품을 남에게 주거나 버린다.
· 오랫동안 만나지 못했던 친구나 선생님을 찾아간다.
· 자살방법에 대해 문의하거나 검색한다.
· 일기장, 낙서, 블로그, SNS 등으로 자살, 죽음에 대해 표현한다.

2) 직접적인 언어표현

· 나 정말 죽고 싶어
· 내가 죽어버리면 좋을텐데……
· 나는 아무짝에도 쓸모가 없어
· 사라져 줄게……
· 멀리 떠나고 싶다.
· 깨어나지 말았으면……
· 날아가 버리고 싶다.
· 내가 죽어도 아무도 슬퍼하지 않겠지?

3) 간접적 행동이나 상징적 단서

· 갑작스러운 행동변화
· 흥미와 에너지의 저하
· 사람들과 만남을 끊고 혼자 지내려 함
· 감정기복이 심해짐

- 식욕과 수면습관의 변화
- 외모와 위생상태에 대한 관심의 결여
- 성적이 떨어지거나 조퇴, 무단결석이 많아짐
- 위험한 행동이 증가함

〈영민이의 최근 행동들을 살펴본 결과, 발견한 징후들〉

- 직접적인 행동 단서: "죽고 싶다"는 낙서
- 직접적인 언어표현: 친구들에게 최근 "살기 싫다"는 말을 자주 했다는 점
- 간접적 행동 단서: 최근에 지각이 늘었다는 점과 쉬는 시간에도 친구들과 어울리지 않고 혼자 앉아 있는 것

이상의 자살 징후를 발견한 후, 선생님은 영민이가 자살위기 상황에 처해 있다는 것을 알아차렸고, 자살 위기상담 및 자살 위험정도를 평가하기로 했다.

4) 청소년기의 자살행동은 성인과 어떤 차이가 있나?

(1) 청소년 자살의 특징

① 자살 시도율 증가

이전 시기에 비해 자살 시도율이 증가한다. 이는 신체적, 정서적 변화로 격동의 시기이고, 지적 변화로 기존의 가치나 규범에 도전하는 시기이며, 자아 정체성이 발달되지 않아 정체성의 혼란이 찾아오고, 학교생활과 학업에 대한 스트레스가 증가하기 때문이다.

② 충동성

계획적인 경우보다 충동적인 경우가 많다. 부모나 주변 어른들의 잔소리가

싫어질 때 충동적으로 선택하곤 한다. 여러 사람 앞에서 비난이나 꾸중을 들었을 때 충동적으로 선택하기도 한다.

③ 전염력

전염력이 강하다. 피암시성이 강하다. 연예인이나 추종자의 죽음이 영향을 미치곤 한다. 주변 사람들의 자살이 많은 영향을 미친다.

④ 분명한 자살동기

분명한 동기를 갖는 경우가 많다. 고통의 끝이나 문제해결의 대안으로 선택하곤 한다. 분명한 이유를 만들어 합리화하는 경향이 있다. 남을 조정하거나 보복하려는 동기로 선택하기도 한다.

⑤ 죽음에 대한 환상

죽음에 대한 환상을 갖기도 한다. 판타지 소설이나 인터넷 게임 등의 영향으로 죽음에 대한 환상을 갖기도 한다. 죽음이 문제해결의 한 방법이라는 잘못된 생각을 갖기도 한다.

(2) 자신이 죽으려는 의도를 왜 남에게 알리려고 할까?

자살하려는 아이도 삶의 의지가 있기에, 자신의 삶에 대한 의지를 알아달라고 외부 사람들한테 도움을 청하는 것이다. 이러한 신호들을 잘 알아채고 적절한 도움을 주어야만 자살을 하려는 아이의 삶의 의지가 보호받을 수 있다. 자살을 하려는 아이들은 자살을 생각할 때부터 죽는 그 순간까지도 삶과 죽음에 대해 고민한다고 한다. 따라서 자신이 죽으려는 의도를 알림으로써 도움을 받고 싶어하는 것이다. 적절한 도움을 통해, 아이의 삶에 대한 의지가 커지도록 도와주어야 한다.

다. 자살위험 정도 평가하기

학생의 자살위험을 정확히 평가하고 확인하여, 위험 정도에 따라서 개입방법을 결정해야 한다.

- 면담 시의 모든 자료는 기록해 놓아야 한다.
- 자살 위험이 인지되는 즉시 보호자에게 사실을 알려야 한다.
- 자살 위험 정도를 평가한 후, 현재의 자살 위험 정도가 높지 않더라도 지속적인 관심과 평가가 필요하다.

1) 설문지 평가

학생의 자살 생각, 우울 증상의 여부와 강도, 빈도 등을 확인하기 위하여 설문지 평가를 실시한다.

예) 자살생각 척도(SIQ; Suicidal Ideation Questionaire, Reynolds, 1988)
우울증 척도(BDI; Beck Depression Inventory, Beck, 1961)
학교에서 사용하는 다른 평가도구가 있다면, 이를 사용할 수 있다.

2) 대면 면담

(1) 분명하고, 차분한 태도로 이야기해야 한다.

- 선생님이 자신의 마음을 털어놓을 수 있는 상대라는 것을 보여주어야 한다.
- 주저하거나 불안정한 태도는 금물! 신뢰할 수 있는 분명한 태도를 유지해야 한다.

(2) 자살에 대해서 가능한 직접적으로 묻는다.

- 최근 자살생각 여부와 내용
- 자살의 동기
- 자살에 대한 구체적인 계획이 있는지
- 이전에 자살(자해)을 시도한 적이 있는지

tip. 나쁜 개입의 예

부정문이나 간접적으로 물어 보기

"너 설마…… 그런 생각하는 건 아니지?"

많은 학생들은 선생님에게 자살에 대해 이야기하는 것을 주저하게 되는데, 부정문이나 간접적으로 물어 보는 것은 학생이 자살에 대해서 말할 수 있는 기회를 차단하게 된다.

3) 경청하기

학생이 죽으려고 하는 이유를 우선 들어주고 공감해야 한다.

tip. 이것만은 하지 마세요.

- 학생의 마음을 쉽게 판단하거나 "~해라"라고 지시하지 않는다.
- '그 나이 때에는 누구나 겪는 문제' 라거나 '시간이 지나면 괜찮아질 것이다.' 라고 자살에 대한 생각들을 축소하거나 무시하지 않는다.
- 설득하려고 하지 않는다.

※ 대면면담 예시

(1) 자살 생각 확인하기

"요즘 무슨 일 있니?"

"아니요."

"영민아. 네가 요즘 지각도 자주 하고, 죽고 싶다는 낙서도 해서, 선생님이 많이 걱정돼. 요즘 많이 우울하니?"(객관적인 관찰 사항을 먼저 예로 든 후 질문할 것)

"조금요."

"그래, 죽고 싶다는 생각도 해 본 적 있어?"(자살 생각 유무에 대한 질문)

"네."

"요즘에 자주 그런 생각이 드니? 얼마나 자주 그런 생각을 해?"(빈도나 강도에 대한 질문)

"그냥 요즘에는 자주 그런 생각이 들어요."

① 자살생각 유무에 대한 질문

"그냥 영원히 잠들어서 영원히 일어나지 않았으면…… 하고 생각한 적이 있니?"

"지금 너처럼 기분이 안 좋을 때 많은 사람들이 그냥 죽었으면 하고 생각하곤 해. 너도 지금 그런 기분이니?"

"너 기분이 너무 안 좋아 보이는데…… 죽었으면 하고 생각한 적이 있니?"

"혹시 네가 지금 생각하고 있는 것이 자살에 대한 거니?"

"정말 죽겠다는 생각을 하고 있니?"

"기분이 몹시 안 좋아 보이네. 혹시 네가 자살에 대해 생각하지는 않는지 궁금해."

② 자살생각의 빈도, 강도, 기간, 의도에 대한 질문

"자살에 대해 얼마나 자주 생각하니? 매일 생각나니? 일주일에 몇 번? 한 달에 몇 번?"

"한 번 자살생각이 떠오르면 그 생각이 얼마나 오래 가니?"

"한 번 자살생각이 떠오르면 얼마나 심하니? 기분전환하면 잘 사라지니?"

"자살생각을 실제로 행동에 옮길 마음이 있니?"

"지금까지 자살을 시도해 본 적이 있니?"

"지금 자살할 계획을 세우고 있니?"

※ 명확한 자살 사고가 확인된다면, 우선적으로 보호자에게 알려야 하며, 위기 평정 후 신속한 개입이 필요하다.

(2) 자살 동기 확인하기

"어떤 일 때문에 그런 생각이 들었어?"

"모르겠어요. 성적도 너무 많이 떨어지고, 부모님하고도 자꾸 안 좋은 거 같아요."

(3) 자살 계획에 대해서 확인하기

"죽는 방법에 대해서는 구체적으로 생각해 본 적 있니?"

- "아직 거기까지는 생각해 본 적이 없어요."
- "네. 어디서 뛰어내릴까 이런 생각도 들고……"

(4) 이전 자살 시도력에 대해서 확인하기

"이전에도 죽고 싶다는 생각을 하거나 죽으려고 한 적이 있니?"

"아니요. 이전에는 그런 적이 없었는데, 요즘 들어 그런 거 같아요."

Q & A

Q : 자살문제를 구체적으로 묻는 것은 자살생각이 없는 학생에게 오히려 자살 생각을 부추긴다?

A : 아니다. 자살하려는 학생은 자신의 생각에 고립되어 있고, 강렬한 감정에 압도되어 있다. 선생님의 질문에 대답하고 자살에 대해서 구체적으로 이야기하면서 긴장감이 해소되고 자신의 상황을 좀 더 객관적으로 볼 수 있게 된다. 자살문제를 구체적으로 묻는 것은 오히려 학생의 자살 위험을 줄일 수 있다. 학생에게 자살에 대해서 묻는 것을 주저하지 말아야 한다. 자살 위기에 있는 학생은 선생님의 관심과 질문을 기다리고 있다.

자살 생각을 가진 아이에게 자살생각 여부를 직접적으로 묻는 것은 아이에게 이제부터 자살에 대해 함께 대화할 수 있을 만큼 부모나 선생님이 준비되어 있고 이해할 수 있음을 보여주는 것으로, 아이가 더 이상 '혼자'라는 생각이 들지 않게 해서 진심을 말할 수 있게 한다.

Q & A

Q : 자살 생각은 있는 것 같지만, 계속 아니라고만 하는 학생에게는 어떻게 해야 할까?

A : 학생의 관찰된 행동이나 설문조사 결과와 같이 학생이 자살생각이 있다는 증거가 확실하다면, 시간을 가지고 계속 확인해야만 한다. 학생은 도움받지 못할 수 있다는 두려움과 자신이 이상한 사람으로 여겨질지 모른다는 불안을 가지고 있기 때문에 선생님에게 말하는 것을 꺼려할 수 있다. 선생님의 계속되는 노력에도 불구하고 학생이 말하기를 거부한다면, 부모님께 연락해서 전문기관에 의뢰할 수 있도록 해야 한다.

tip : 이때 학생이 보인 행동과 설문지 결과 등 객관적인 결과들을 언급하면서 개입하는 것이 좋다.

"네가 자꾸만 지각을 하고, 친구들한테도 죽고 싶다는 이야기를 했다고 해서 선생님이 많이 걱정스러워." "00검사 결과 우울증 점수가 너무 높아서 걱정이 돼."

도움이 실패할까봐 두려워하지 않는다.

도움을 주는 것이 언제나 성공을 보장하는 것은 아니다. 그러나 선생님의 도움은 한 생명을 죽음으로부터 보호할 수도 있다.

Q & A

Q : 부모님께 학생의 상태를 전달해야 할 때 어떻게 말해야 하나?

A : 영민이에 대해서 선생님이 관찰한 사실, 설문지 결과, 성적, 낙서 등 객관적 징후들을 객관적 사실에 대해서 먼저 설명한 후 학생의 상태에 따라 권고사항을 설명한다. 이야기를 들은 부모가 화를 낼 수도 있는데 이는 부모의 불안과 두려움 때문이다. 그렇기 때문에 감정적으로 응하지 말고, 객관적 사실을 안내할 수 있도록 해야 한다.

표 Ⅵ-1 자살의 위험을 증가시키는 요인 및 감소시키는 요인

자살의 위험을 증가시키는 요인		자살의 위험을 감소시키는 요인
· 우울증상 및 과거 자살 시도 경험 · 술, 담배 경험 · 자신에 대한 비난 및 낮은 자존감	개인	· 자기에 대한 긍정적인 기대, 뚜렷한 목표 · 원만한 대인관계 · 어려운 상황에서 적극적으로 도움을 요청하는 자세

자살의 위험을 증가시키는 요인		자살의 위험을 감소시키는 요인
· 가족 관계에 대한 불만족, 잦은 갈등 및 가정 폭력 · 의사소통이 적은 가족 구조 · 가족 구성원의 변화(이혼 혹은 가족 구성원의 죽음)	가족	· 가족 간의 지지적이고 친밀한 관계 · 높은 가족 응집력 · 가족 간 원만한 의사소통
· 학교폭력 및 집단 따돌림 · 또래 관계에서의 갈등(동성 및 이성 친구) · 성적에 대한 부담감 및 학업 스트레스	학교	· 또래 및 교사와의 친밀한 관계 · 또래 및 교사와의 원만한 의사소통 · 학교생활에서 성취감, 자존심
· 각종 매스컴에서 다루어지는 자살에 대한 보도 · 정신건강 치료에 대한 편견 · 치명적인 자살 수단에 대한 접근 용이성 (예) 고층아파트	사회	· 우울 및 자살에 대한 예방 교육 · 정신건강 치료를 부담감 없이 받을 수 있는 환경 · 지역 내 정신보건기관 및 센터에 대한 접근성

자살은 한 가지 요인으로만 설명될 수 없으므로 여러 가지 요인들을 함께 고려해야 한다. 위험요인(자살의 위험을 증가시키는 요인)을 줄이고, 보호요인(자살의 위험을 감소시키는 요인)을 증강시킬 수 있는 방안이 필요하다.

☆ 우울증 청소년이 보이는 증상

외국 연구에 의하면, 자살을 시도하는 아이들의 80~90%가 정신적인 문제를 가지고 있으며, 그 중 대부분이 우울증이라고 한다.

- 집중력 저하
- 학업성적 저하
- 낮은 자존감과 죄책감
- 식수면 습관의 변화
- 짜증, 예민
- 공부나 일에 대한 흥미 상실

· 두통이나 복통을 빈번하게 호소
· 이유 없이 조퇴나 결석을 반복
· 비행이나 가출
· 죽음이나 자살에 대한 이야기를 함

tip : 청소년들의 경우, 밝게 웃거나 활발한 모습을 보이지만, 사실 속마음은 불안하고 무기력할 수 있다. 성인과는 달리 우울감이 복통, 두통 등 신체적 증상이나 산만함, 짜증, 난폭, 반항, 무단결석, 비행 등으로 나타나는 경우가 많으므로 주의해야 한다.

☆ 부모가 하지 말아야 할 행동

자살 위험의 아이를 발견하였을 때 부모들이 흔히 취하는 잘못된 태도

· 자책하기 : "우리 아이가 이러는 것은 다 나 때문이야."
· 분노하기 : "내가 너를 어떻게 키웠는데 네가 이럴 수가 있어?" "그럴거면 차라리 진짜 죽어."
· 지키기 어려운 약속하기 : "네가 원하는 거 뭐든지 다 사줄게." "유학 보내 줄게."
· 아무 것도 아닌 것으로 하기 : "네 나이 때에는 다 그럴 수 있어." "별거 아니야."
· 비아냥거리기 : "쓸데없는 생각하지 말고, 네 할 일이나 잘해."

→ 위의 태도들은 부모님도 아이의 자살행동에 두려움을 느끼기 때문에 나타날 수 있는 자연스러운 반응이다. 이를 억제하고 최대한 차분하게 아이에게 다가가려는 노력이 필요하다. 필요 시 전문기관에 전화하여 아이에게 어떤

도움을 줄 수 있는지 알아보는 것도 좋다.

※ 아이들의 마음 그림

이런 말들은 우리를 힘들게 해요!

- 네 형 반이라도 닮아봐!
- 시험 점수가 이게 뭐야?
- 넌 대체 커서 뭐가 될래?
- 학생이 휴대폰이 뭐가 필요해? 압수!
- 엄마 친구 딸은 이번에 또 1등 했다고 하더라!
- 이러다 대학갈 수나 있겠니?
- 넌 누구를 닮아서 이러니?

라. 자살 위기 개입하기(자살 위험이 있는 아이와 대화하기)

1) 1단계 : 자살 생각에 대해 직접적으로 물어 보기

(1) 1-1단계 : 자살 사고에 대해 물어 보기

영희야. 최근에 네가 '죽고 싶다'고 써 놓은 메모를 봤어. 요즘 계속 축 처져 있기도 하고 너무 우울해 보여서 엄마가 많이 걱정돼.

아냐. 아무것도 아니야.

너 요즘 많이 힘들어 보여. 집에 오면 너무 기운 없이 잠만 자고…… 무슨 고민 있니?

응. 조금.

그랬구나. 그럼 그런 고민들 때문에 너무 힘들어서 혹시 죽고 싶다는 생각을 해 본 적이 있니?

사실…… 생각은 많이 해 봤어.

그래? 요즘 네가 정말 많이 힘들었나 보구나.

tip : 아이들이 부모에게 어려움을 이야기하기 꺼려하는 이유는 '혼날까봐', 혹은 '부모님에게 이해받지 못할 것 같은' 두려움이 가장 크다. 따라서 부모는 아이를 판단하고자 하는 것이 아니라 아이의 말에 공감해 주며 도움을 주고 싶다는 부분을 분명하게 표현해야 한다.

※ 아이가 마음을 열지 않고, 부모님과의 대화를 거부하는 경우의 대처 방법

평소 아이가 보이는 행동 중 우울증이나 자살을 알리는 신호와 관련이 있어 보이는 행동을 이야기해 주면서 접근하는 것이 도움이 된다. 하지만 모든 노력을 다해도 마음을 열지 않는 경우, 전문가에게 도움을 요청해야 한다.

(2) 1-2단계 자살의 위험성 확인하기

① 자살 방법에 대한 질문

혹시 어떤 방법으로 죽을지 생각해 본 적 있어?

그냥…… 옥상에서 뛰어내려야겠다는 생각을 했었어요.

② 자살 계획에 대한 질문

정말 네가 많이 힘들었구나. 그럼 언제 죽어야겠다고 구체적으로 계획을 세운 게 있니?

아직 그렇게까지는 생각 안 해 봤어요.

③ 자살 시도에 대한 질문

그랬구나. 혹시 죽어야겠다는 생각에, 어떤 행동을 해 본 적이 있니?

※ 위기상황 알아차리고 대응하기

자녀의 자살사고를 알게 되는 것만으로도 너무 두렵고 당황스러운 부모님에게 자살 위험성을 묻는 것은 매우 어려운 일이다. 그러나 삶과 죽음에 대한 문제를 해결하는데 있어서 즉각적인 위험성을 판단하는 것은 매우 중요한 일이다.

부모님이 질문하기 어려운 다음과 같은 경우에는 즉시 전문가의 도움을 받는 것이 좋다.

① 이전에 자살을 시도한 적이 있는 경우

② 자살에 대한 구체적인 계획을 가지고 있는 경우

③ 최근 스트레스가 심한 사건이 있었던 경우

↓

아이를 절대로 혼자 두어서는 안 된다.

재빨리 전문가에게 도움을 청해야 한다.

2) 2단계: 자살의 이유에 대해 물어 보기

죽고 싶다는 생각을 언제부터 하게 되었니?

· 잘은 기억이 안 나지만…… 올해 초부터 하게 된 것 같아요.

혹시 그 당시에 무슨 일 있었니?

· 사실…… 올해 들어서부터 친구들이랑 어려웠어요. 이전에는 친하게 지냈었는데 갑자기 애들이 내 근처에도 오지 않고 나만 따돌려요.

그랬구나. 엄마는 몰랐네. 네가 엄마한테 말도 못하고 혼자서 많이 힘들었겠다.

tip : 자살 동기에 대해 구체적으로 물어 봄으로써 아이는 스스로 죽고 싶었던 원인에 대해 생각해 볼 수 있으며, 객관적으로 자신의 상황을 볼 수 있게 된다. 또한 자신의 위기상태에 대해 표출할 수 있는 기회를 얻게 되고, 혼자가 아니라는 생각을 갖게 되어 다른 사람의 도움을 받아들일 수 있는 의지가 생길 수 있다.

3) 3단계: 문제 상황에 대한 대처 방안을 함께 모색해 보기

친구들이 너를 따돌렸을 때 너는 어떻게 했니?

- 그냥 가만히 있었어요. 내 힘으로는 어떻게 할 수가 없었어요. 할 수 있는 방법이 아무것도 없다는 생각이 들었구나. 그래서 네가 죽고 싶다는 생각까지 하게 된 거구나.
- 네. 아무렇지 않은 것처럼 가만히 있는 것 말고는 방법이 없었어요. 아무리 생각해 봐도 방법이 없었어요.
- 그래? 엄마랑 같이 생각해 보면 방법이 나올 수도 있지 않을까? 어떻게 하면 좋을지 같이 생각해 보자.

tip : 친구와의 갈등으로 죽고 싶다고 이야기하는 경우, 누구와 어떤 방식으로 갈등이 있었는지에 대한 구체적인 파악이 필요하며, 그에 대한 문제해결 방식을 함께 고민해 보는 것이 필요하다. 영국의 한 연구에 따르면 청소년 자살의 최소한 반 정도가 학교 내 친구와의 갈등과 관련이 있다고 한다. 또한 우리나라의 연구에 의하면 학교폭력 피해군의 자살 사고의 비율이 26%라고 한다. 그만큼 청소년기에는 또래와의 관계가 중요하며, 친구들과의 관계에서 갈등을 경험하면 자살을 생각할 위험이 높다.

4) 4단계: 전문가에게 도움 요청하기

자살의 가능성이 의심되는 경우, 전문가에게 도움을 요청하는 것이 매우 중요하다. '괜찮겠지', '설마'라는 생각을 하며 안심하기보다는, 자살의 위험이 의심될 경우, 전문가를 찾아가서 정확한 평가를 받고 그에 따른 적절한 도움을 받는 것이 반드시 필요하다.

도움을 요청할 수 있는 곳은 다음과 같다.

(1) 학교 상담 교사

학교에 있는 상담 교사에게 도움을 청해야 하며, 필요 시 상담 교사로부터 학교와 연계된 상담기관이나 치료기관을 소개받을 수도 있다.

(2) 정신보건 전문기관

지역의 정신건강증진센터나 병원 등 정신보건전문기관을 찾아가면 적절한 도움을 받을 수 있다.

Q & A

Q : 이전처럼 우울하거나, 죽고 싶다는 말도 안 하고, 밝은 모습을 보이는 아이, 이제는 안심해도 되겠지?

A : 자살을 시도했던 사람이 다시 자살을 시도할 확률은 1주일 이내에 5~10%이고, 10년 이내에 37%라는 연구결과가 있다. 자살 위험성은 고정된 것이 아니기 때문에 섣불리 안심해서는 안 된다. 자살의 위험성은 시간에 따라 변화할 수 있기 때문에, 아이와의 대화와 관찰을 통해 유심히 지켜보는 것이 필요하다.

Q & A

Q : 습관적으로 자해를 반복하는 아이, 그냥 단순히 관심을 얻고 싶은 걸까?

A : 습관적으로 자해를 하는 아이들이 자살을 시도할 확률은 일반 또래아이들보다 훨씬 더 높다. 또한 습관적으로 자해를 하는 아이는 우울증을 비롯한 정신과학적 질환이 있을 가능성이 많다. 따라서, 주의 깊게 살핀 후, 자해가 반복될 경우에는 정신보건전문기관에 도움을 청하는 것이 필요하다.

표 Ⅵ-2 자살 위기관리를 위한 학교 밖 연계체제

<table>
<tr><th colspan="9">학 교</th></tr>
<tr><td>치명률이 높은 자살시도
의식불명, 중태, 추락, 목조름, 골절, 다량 출혈, 심한 물리적 외상, 위험성 높거나 불분명한 약제복용 등</td><td colspan="3">치명률이 낮은 자살시도
경미한 외상, 분명한 의식자해, 위험성 낮은 약제복용 등</td><td colspan="5">자살사고 단독
정서 · 행동특성 검사결과 자살위험</td></tr>
<tr><td rowspan="2">응급의료센터</td><td colspan="3">자살예방센터/ 정신보건센터</td><td colspan="5">Wee센터</td></tr>
<tr><td>의료기관</td><td>정신의료기관</td><td>청소년상담지원센터</td><td>건강가정지원센터</td><td>아동보호전문기관</td><td>사회복지관</td><td>기타 자살예방프로그램 실시기관</td><td>학교 내 상담</td></tr>
</table>

tip : 자살을 시도하려는 학생과 대치상황에 있을 때

- 112, 119 등 응급출동이 가능한 기관에 연락한다.
- 다른 학생들이 자살 행동에 관심을 갖지 않고, 자살시도 학생을 자극하지 않도록 초기에 현장을 통제하고 정리한다.
- 자살 시도 학생의 눈을 마주 보고 원하는 말을 할 수 있도록 도와 준다.
- 이때, 자살시도 학생과 대면한 선생님은 절대로 등을 돌려서는 안 되며, 학생을 설득하기보다 우선적으로 학생이 하고 싶은 말을 들어주는 것이 중요하다.

마. 가족이나 친척이 자살로 사망한 경우

청소년의 자살은 전염력이 강하기 때문에 이를 중요하게 다루어야 할 필요가 있다.

적절한 애도반응을 할 수 있도록 한다. 주변 사람의 사망에 대해 슬픈 감정을 충분히 표현할 수 있도록 한다.

- 아이가 자살사건과 관련된 유언비어에 많이 노출되지 않도록 한다.
- 아이가 주변 사람의 자살에 대해 어떻게 받아들이는지 아는 것이 중요하다.

대화를 통해 아이가 주변 사람의 자살에 대해 어떻게 생각하고 있는지를 파악하도록 한다. 아이가 불안해하는 경우, 무엇에 대해 불안해하는지를 구체적으로 파악해야 한다.

- 자살이 일반적인 문제해결 방안이 아님을 강조한다.

자살이 문제 상황에 당면하였을 경우 선택할 수 있는 방법들 중 하나가 아니라, 잘못된 방법임을 설명해 준다.

- 우울증으로 인한 자살의 경우, 질병으로 인한 과정임을 알려주는 과정이 필요할 수 있다. 마치 감기에 걸리면 열이 나는 것처럼, 암에 걸리면 사망에 이를 수도 있는 것처럼, 우울증이 심하면 자살로 사망할 수도 있음을 알려주고 심한 우울증은 반드시 치료받아야 하는 것이라고 설명해 준다.

※ 무조건 잊도록 하는 것은 절대 도움이 되지 않는다. 주변 사람의 자살에 대해 함께 이야기를 나누는 것이 중요하다.

1) 친구가 자살사고 경험이 있거나 자살을 한 경우

(1) 친구가 자살로 사망한 경우

앞에서 제시된 가족 및 친척이 자살로 사망한 경우와 유사한 과정으로 애도반응을 다루어 주는 것이 중요하며, 무조건 잊도록 하는 것은 절대 도움이 되지 않는다.

(2) 친구가 자살사고 경험이 있는 경우

청소년기는 친구가 상당한 영향을 미치는 시기이며, 성인에 비해 충동조절 능력이 낮기 때문에 주의를 해야 한다.

① 아이의 생각을 잘 경청하기

아이가 설사 잘못된 생각을 해도 무조건 야단치지 말고 아이의 생각을 잘 경청한다.

② 친구의 어려운 상황에 공감하면서도, 자살은 적절한 해결책이 아님을 강조하기

자살은 절대 문제해결책이 아니며 친구는 도움이 필요한 상황임을 알려준다.

③ 친구한테 적절한 도움을 줄 수 있는 방법을 같이 모색하기

친구의 자살사고는 아이가 혼자 감당할 수 있는 문제가 아니다. 따라서 어른이나 선생님 또는 전문기관에 이야기하는 등 친구가 실질적인 도움을 받을 수 있는 방법을 함께 모색하는 것이 좋다.

→ 적절한 방법을 모색하기 어려운 경우, 전문기관에 전화하여 상담을 받을 수 있다.

2) 자살에 대한 오해와 진실 - OX 퀴즈

① 자살을 하는 사람은 이에 대해 말하지 않는다·····X

설 명 : 자살하려는 사람 10명 중 8명은 자살하려는 의도를 명확하게 말한다.

② 자살은 단서나 경고 없이 일어난다·····X

설 명 : 자살하려는 사람은 주변 사람들에게 여러 단서와 경고를 준다.

③ 자살하려는 청소년은 정말로 죽고 싶어한다·····X

설 명 : 대부분 삶과 죽음에 대해 결정을 내리지 못한 상태이다.

④ 경제적으로 좋은 환경에 있으면 자살하지 않는다·····X

설 명 : 상류층이나 빈곤층 어느 한 계층에서만 자살이 일어나는 것은 아니다.

⑤ 치명적이지 않은 자해행동은 단지 관심을 얻으려는 행동이다·····X

설 명 : 치명적이지 않은 자해행동도 도움을 얻기 위한 절실한 몸짓이고 외침이다.

⑥ 자살은 유전된다·····X

설 명 : 단순한 유전이라기보다는 자살 환경이나 가족 정서가 전달되어 나타나는 현상으로 볼 수 있다.

⑦ 전문가뿐만 아니라 누구나 도울 수 있다·····O

설명 : 지지와 도움을 줄만한 어떤 사람이라도 곁에 있다면 자살을 예방할 수 있다.

⑧ 청소년 자살은 계획적인 경우보다 충동적인 경우가 훨씬 많다……O

설명 : 청소년들은 성인들에 비해 계획적으로 자살하기보다는 충동적으로 자살하는 경우가 많다.

⑨ 자살문제를 구체적으로 물어 보는 것은 자살을 부추기는 행위이다……X

설명 : 자신의 자살충동이나 위기상태에 대해 표출할 기회를 얻게 되기 때문에 오히려 자살 위험을 줄인다.

⑩ 자살하기로 마음먹은 청소년의 자살은 막을 수 없다……X

설명 : 자살행동은 충동적인 의기상황을 넘기면 극복될 수 있으며, 충분히 예방할 수 있다.

⑪ 자살을 막으려는 사람에게 화를 내고 원망할 수 있다……X

설명 : 자신이 겪고 있는 심한 정서적인 고통이 끝나기를 바라는 것이지, 죽기를 원하지는 않기 때문에 나중에는 이것을 고맙게 여길 것이다.

⑫ 자살하려는 사람은 모두 정신질환이 있다……X

설명 : 보통 사람이라도 극심한 불행과 외로움을 느낄 경우 자살을 생각할 수 있다.

⑬ 대부분의 자살은 특정 사건이나 정신적인 충격이 원인이다……X

설명 : 자살은 한 가지 이유만으로 일어나지 않는다. 여러 가지 사건과 감정이 오랜 시간 동안 개입되어 있을 수 있다.

⑭ 일반 청소년들에 비해 가출청소년에게서 자살시도율이 더 높게 나타난다……O

설명 : 일반 청소년들보다 자살생각, 자살시도를 하는 경우가 더 많다.

5. 학생 자살사건의 사후개입

가. 교내 · 외에서 자살사건이 생겼을 때

00고등학교 교사는 학교 학생이 자살로 사망했다는 연락을 받았다. 이럴 때 학교는 어떤 역할을 해야 될까?

청소년 자살사건은 동조나 모방이 일어나기 쉽다. 특히 학교처럼 집단적 활동을 하는 곳에서 발생한 친구의 자살사건은 그 파급효과가 클 수 있다. 자살사건이 일어난 것은 매우 안타깝고 슬픈 일이지만, 그 영향을 최소화하기 위해서는 신속한 개입과 적절한 노력이 필요하다.

1) 1단계 : 위기관리위원회 소집 및 응급위기팀 구성

- 교내 위기관리위원회를 긴급 소집하고, 외부전문가를 초빙하여, 응급위기팀을 구성한다(응급위기팀 구성기간 : 최소 2주 이상).
- 자살사건과 관련된 정보를 수집하고 상황을 파악한다.
- 우선적으로 자살자 가족을 접촉하고 애도 표현을 한다.
- 자살사건이 학교 내에 미칠 파급효과를 파악하고 사후개입에 대한 세부계획을 수립한다(학사일정 조정, 특별 상담실 설치 및 운영 일정, 취약 교직원 · 학생에 대한 선별, 학생의 조문 여부와 일정 등을 결정).

tip : 유가족에게 전달해야 할 사항

우선적으로 유가족에게 깊은 애도를 표현하고, 수사가 진행되는 상황이라면 학교가 수사에 적극 협조할 것임을 전달한다. 단, 청소년기 자살의 전염을 예방하기 위해 학교 내 빈소 설치나 일과 중 장례식 단체 조문, 추모제를 삼가야 함을 전달하고 양해를 구한다.

2) 2단계 : 자살사건과 관련된 학교의 공식입장 결정

- 교내외의 질문에 답변할 수 있는 학교의 공식입장을 결정한다.
- 공개할 정보의 내용과 범위, 대상을 결정한다. 특히 언론 보도 시 자살한 학생의 실명, 자살 수단 및 정황, 추정원인 등은 공개하지 않는 것을 원칙으로 한다.

3) 3단계 : 관련기관 협조요청

- 위기관리위원회에서 정해진 외부 전문기관에 지원을 요청하여 효과적으로 대응할 수 있도록 한다.
  - 특별상담실 운영에 대한 인원지원을 요청한다.
  - 고위험군 학생 선별 후 의뢰에 대한 협조를 요청한다.
- 교육청에 학생 사안보고 자료를 제출하고, 위기대응책을 공유한다.
- 다른 학교와 소식을 공유하여 신속하게 개입할 수 있도록 한다.
  - 자살 학생의 형제, 자매, 친구, 이성친구의 유무를 조사한다.
  - 타 학교에 자살 상황 및 유의사항을 전달하여 유언비어가 유출되지

않도록 도움을 청하고, 해당 학교 고위험군 학생에 대한 관리가 필요함을 알린다.

4) 4단계 : 교내 · 외 자살 소식 전달

- 교사 간 관련 사실을 공유하고 사후개입 및 정보제공에 대한 지침을 안내한다.
- 각 담임교사가 반 학생들에게 자살 소식에 대해 전달한다.
  - 학교의 공식입장 이외의 개인적인 사견이나 느낌에 대해서 전달하지 않도록 해야 한다.
  - 모든 담임교사가 사실적 정보에 대해, 동일한 내용을 조회시간에 안내해야 한다.
  - 애도를 표하는 동시에, 자살은 절대 문제를 해결하는 수단이 아니라 남겨진 사람을 힘들게 하는 잘못된 선택이라는 것을 강조해야 한다.
  - 자살사건으로 걱정이 되거나 힘든 학생은 학교에서 도와줄 수 있다는 사실을 전달하고, 특별상담실 운영을 안내한다.
  - 학생들 사이에 유언비어가 퍼지지 않도록 강조한다. 확인되지 않은 억측이나 소문으로 고인의 가까운 친구나 가족들을 힘들게 하거나 비난하지 않아야 된다는 것에 대해서 설명해야 한다.
- 학부모에게 자살사건에 대한 가정통신문을 발송한다.
  - 모든 학부모가 내용을 전달받을 수 있도록 전화 및 문자메시지를 통해 가정통신문 발송을 알린다.
  - 자살에 대한 추측, 짐작한 내용을 주고받지 않도록 당부하고, 자녀의 행동을 주시하고 필요한 경우 학교에 도움을 요청할 수 있도록 안내한다.

tip :

- 최근에는 SNS, 휴대폰 어플, 메신저를 통해서 자살과 관련된 소문과 유언비어가 매우 빠르게 퍼지므로 적극적으로 개입하고, 이를 통제하는 것이 필요하다.
- 자살사건에 대해서 영웅시해서 이후 추가 자살사건으로 이어지지 않도록 조심해야 한다.
- 학생들이 외부 소문에 대응하지 않도록 주의시킨다.
- 언론 매체가 정보를 요청할 경우에는 일관된 내용을 전달한다.
  ① 언론대응 담당자만이 언론과 접촉해야 하며, 언론매체가 다른 교사나 학생과 접촉하지 않도록 차단한다.
  ② 자살사건에 대한 사실적 정보만을 제공해야 하며, 감정적으로 대응하지 않도록 한다.
  ③ 자살사건 자체보다는 학생들이 어떻게 회복될 수 있는지, 자살 전염 방지를 위해 어떤 노력들이 필요한지를 중점으로 기사화될 수 있도록 도움을 요청한다.

5) 5단계 : 위기개입

- 개입 전문가(정신건강 전문가)가 학급단위로 학생들의 충격완화 및 극복을 위한 위기관리 프로그램을 진행한다.
- 프로그램 중 위기 학생을 발견하게 되면, 이를 보고하고 후속절차를 따른다.

※ 학생 위기관리 프로그램과 함께 교사를 대상으로 한 위기상담 및 프로그램도 운영하는 것이 좋다.

- 자살위기 학생을 선별하고, 평가하여 상담 및 의뢰한다.

- 위기 정도를 평가하고 고위험군과 주의군으로 나누어 개입한다.
- 고위험군 학생은 위기관리 절차에 따라 위기정도를 심층 평가하고 전문기관(상담센터 및 의료기관)을 연계한다.
- 주의군 학생은 교내 상담교사를 통해 주기적으로 상담하고 추후관리를 하도록 한다.

6) 6단계 : 특별상담실 운영

- 학생과 학부모, 교직원이 개별적으로 필요한 도움을 받을 수 있도록 해야 한다.
- 최소 2주 간 특별상담실이 운영되어야 하며, 이 기간 내에 도움을 요청하는 사람에게는 즉각적인 상담과 적절한 도움이 이루어져야 한다.

7) 7단계 : 위기관리위원회 활동 평가

- 교내 응급위기팀을 주축으로 2달 이후에 위원회 활동의 활동을 평가하고, 개선방향을 설정한다.
- 고위험군 학생에 대한 지속적인 관리를 논의한다.

나. 가정통신문 예시

학부모님께!

학교에서 발생된 안타까운 소식을 전해 드리고자 글을 올립니다.

0월 0일 오전, 본교 0학년 학생 중 한 명이 자살로 사망하는 안타까운 일이 발생했습니다. 저희 00학교 교직원들은 이 일에 대해 매우 유감스럽게 여기며 삼가 고인의 명복을 빕니다.

지금 학교는 경찰의 수사와 사태수습에 적극적으로 임하는 한편, 무엇보다 학생들의 안전을 위해 최대한 빨리 학교 분위기를 정상화하고자 최선을 다하고 있습니다.

학생들에게도 학급별로 이 안타까운 소식을 전하였고 학생들을 위한 특별 상담실을 개설하여 0주일간 운영하기로 하였습니다. 가정에서도 자녀분들의 말에 귀기울여 주시고 아이들의 반응에 관심을 가지고 도와주실 것을 특별히 부탁드립니다.

학생들을 보호하기 위하여 다음 몇 가지 사항에 대해 안내해 드리오니 부모님께서는 자녀를 대할 때 유념해 주실 것을 부탁드립니다.

첫째, 학생이 어떻게 사망한 것인지는 현재 경찰에서 수사 중이며 정확한 내용은 학교에서도 경찰의 발표를 기다리고 있습니다(만일 자살로 공식발표가 된 상태라면 학생이 어떻게 자살하게 되었는지 실제로는 알 수 없습니다). 너무나 안타까운 죽음이지만 자살은 올바른 선택이 아니며 더 나은 선택이 있다는 것을 몰랐다는 것이 너무나 안타깝습니다. 이 점을 아이들이 이해할 수 있도록 도와 주십시오.

둘째, 어느 누구도 확실한 사실에 근거하지 않은 추측성 비난을 받거나 만들어서는 안됩니다. 설사 주변 학생들이 사전에 이런 위험성을 알았다고 해도 사망한 친구가 도움을 원치 않으면 결국 도움을 주기 어렵습니다. 또한 확인되지 않은 악성루머들을 확산시키는 것은 고인이 된 학생이나 친구, 가족, 주위 사람들을 더욱 고통에 빠뜨리는 일입니다.

따라서 학생들이 자책하거나 다른 사람의 탓을 하거나 타인에게 상처가 될 소문을 만들지 않도록, 이러한 행동이 어느 누구에게도 도움이 되지 않는다는 것을 인식하도록 자녀들을 도와 주십시오.

셋째, 자녀의 반응에 관심을 가지고 대화를 해 주시기 바랍니다. 충격적인 사건을 목격하거나 듣게 되면 사람들은 일정 기간 동안 멍해지거나 집중력이 떨어질 수 있고, 짜증과 같은 감정의 변화를 보이거나 잠을 잘 이루지 못할 수 있습니다. 우리 아이들도 일부 이런 반응을 보일 수 있습니다. 관심을 가지고 대화해 주시되 야단치거나 조급해하지 마시고 기다려 주시면 좀 더 빠르게 일상생활을 회복할 수 있을 것입니다.

넷째, 자녀와의 대화 시 다음을 주의해 주시기 바랍니다.

① 부모님 또한 나쁜 소문을 듣더라도 자녀들과 이러한 대화를 나누지 않도록 해 주십시오.

② 자살에 대한 부모님의 편견을 그대로 노출(자살은 어쩔 수 없는 것, 막을 수 없는 것, 자살을 미화하는 등)하는 단정적인 말을 자녀에게 하지 않도록 해 주십시오.

자살은 예방될 수 있는 행동입니다. 실제로 자살을 생각했다가도 도움을 받고 극복한 사람들이 많습니다. 살다보면 도저히 극복할 수 없을 것만 같은 힘든 일들을 만날 수 있는데 그럴 때 일수록 혼자 고민하지 말고 도움을 줄만한 사람에게 마음을 여는 것이 중요하다는 것을 자녀들이 기억할 수 있도록 도와주시기 바랍니다.

만일 이 사건과 관련하여 자녀가 이전과 분명히 다른 반응을 보이거나 염려되는 말이나 행동을 보인다면 주저하지 마시고 학교(000-0000)로 연락주시기 바랍니다.

학교장 이하 모든 교직원은 고인이 된 학생에게 깊은 애도를 표하며 학생들이 빠른 시일 내에 안정이 될 수 있도록 최선을 다할 것입니다. 이와 관련하여 학부모님의 관심과 도움을 다시 한 번 요청 드리며 깊은 슬픔을 누른 채 학생들의 빠른 안정을 위하여 예정된 모든 학사일정을 그대로 진행할 것임을 알려드립니다.

6. 학생 자살예방을 위한 상시관리

학생자살 위기관리 시스템 구축, 즉 위기관리위원회는 학교의 자살과 관련된 위기에 대한 기본계획을 수립하고, 추진하는 시스템이다. 마치 소방훈련을 하는 것과 같이 미리 대비를 해야만 위기상황이 발생했을 때 신속하고 정확하게 대처할 수 있다.

사전에 위기관리위원회를 조직하고 상설로 운영하는 목적은 다음과 같다.

- 고위험군 학생의 스크리닝과 관리, 학교 안전관리 등을 통해 자살 위험을 예방할 수 있다.
- 학교 내 관리시스템을 구축하고, 학교 밖 전문가들과 연계를 통해 위기상황이나 자살사건이 발생했을 시 신속한 대처가 가능하다.
- 자살사건 이후에 발생할 수 있는 학교의 혼란과 위험을 최소화시킬 수 있다.

자살관련 면담기록지

- AMPQ-II 7번 문항에 2점 이상 응답한 경우
- BDI 9번 문항에 2점 이상 응답한 경우
- 초등학생의 경우 학교에서 자살생각에 대한 별도문항을 포함하지 않으나 면담과정에서 자살생각이 확인된 경우

자살 위험 문항에 응답한 학생은 이렇게 면담해 주세요

면담 요령

* 자살 관련 면담에서는 돌려 말하지 말고 담담하고 직접적으로 묻는 것이 좋습니다.

* 자살 생각을 가진 아이에게 자살생각 여부를 직접적으로 물어 보는 것은, 학생에게 교사가 자살에 대해 함께 대화할 준비가 되어 있고 이해할 수 있음을 보여주는 것으로, 괴로워하는 학생이 '혼자'라는 생각이 들지 않게 할 수 있습니다.

* 학생들이 교사에게 어려움을 이야기하기 꺼려하는 이유는 '혼날까봐' 혹은 '이해받지 못할 것 같은' 두려움이 가장 큽니다. 따라서 교사가 아이를 판단하고자 하는 것이 아니라 아이의 말에 공감해 주며 도움을 주고 싶다는 의사를 분명하게 표현해야 합니다.

* 아이가 자살관련 질문에 대한 응답을 거부하는 경우에는 평소에 고민이나 힘든 점이 있는지 물어 보면서 접근하는 것이 도움이 됩니다. 하지만 모든 노력을 다해도 마음을 열지 않는다면 전문가에게 도움을 요청해야 합니다.

면담은 이렇게 시작해 주세요.

지난번 정서행동특성검사에서 ___가 응답한 내용을 보고 ___에 대해 걱정이 되었단다. 네가 힘든 시간을 보내고 있고, 어떻게 해야 할지 방법을 몰라서 고민하고 있는 게 아닌가 해서 선생님이 이해한 것이 맞는지 몇 가지 질문을 해도 되겠니?

아래 면담지 내용을 중심으로 학생의 자살생각에 대해 물어 본 후 기록해 주세요.

면담결과 위험수준 4단계로 분류하고 위험수준에 따라 조치를 취해 주세요.

<table>
<tr><th colspan="3">자살관련 면담기록지</th></tr>
<tr><td colspan="3">날짜__________ (학생이름)__________ (교사이름)__________</td></tr>
<tr><td rowspan="6">면담 내용</td><td>① 죽고 싶다거나, 죽는 게 더 낫겠다고 생각한 적이 있니?</td><td>□ 예 □ 아니오</td></tr>
<tr><td>② 자살을 할까 생각하고 있니?</td><td>□ 예 □ 아니오</td></tr>
<tr><td>③ 최근에 어떻게 죽어야겠다고 계획을 세운 적이 있니?
□ 언제 :
□ 장소:
□ 방법 :</td><td>□ 예 □ 아니오</td></tr>
<tr><td>④ 최근에 이 계획을 실행해야겠다는 생각을 한 적이 있니??</td><td>□ 예 □ 아니오</td></tr>
<tr><td>⑤ 혹시 죽어야겠다는 생각에, 어떤 행동을 해 본 적이 있니?
□ 언제 :
□ 장소:
□ 방법 :</td><td>□ 예 □ 아니오</td></tr>
<tr><td colspan="2">⑥ 무엇이 너를 그렇게 힘들게 만들고 죽고 싶게 하는지 그 이유를 물어 봐도 될까?</td></tr>
</table>

자살위험성 단계	□ 위험성 없음 혹은 낮은 위험 · 모두 '아니오' 인 경우, 혹은 ①번만 '예'이고, 나머지는 모두 '아니오' 인 경우 · 수동적 자살사고는 있지만, 적극적인 자살 사고, 계획, 의도, 시도 경험은 없음에 해당 □ 중간 위험 · ①, ②번이 모두 '예'이나 나머지는 모두 '아니오' 인 경우 · 수동적/적극적 자살 사고는 있으나 계획, 의도, 시도 경험은 없음에 해당 □ 높은 위험 · ⑤번이 '예'이면서, ③번과 ④는 모두 '아니오'인 경우 (①②번의 응답은 상관 없음) · 과거 자살시도라는 위험요인이 있으므로, 관리 요망 □ 응급 상황 · ③번이나 ④번 중 하나라도 '예'인 경우(①②⑤번의 응답은 상관없음) · 최근 6개월간 구체적 자살계획과 실행 의도가 있으므로, 응급대처 요망
조치	□ 위험성 없음 혹은 낮은 위험 -〉 교내 상담 인력의 지속적 관찰과 상담 □ 중간위험 -〉 학부모 연락, 자살예방센터 및 Wee센터, 정신건강증진센터 등 교육청에서 지정한 전문기관 의뢰 □ 높은위험 -〉 학부모에게 연락하고, 자살예방센터 또는 전문병원 진료 권유 □ 응급상황 -〉 학생을 혼자 두지 않고, 안전조치. 부모에게 즉각 알리고 자살예방센터 또는 전문병원 진료 적극 권유

학생 정서 · 행동특성검사 Q & A

Q. 학생정서 · 행동특성검사란 무엇인가요?

▶ 신체발달의 정도는 신체검사를 통해서 확인하듯이 학생들의 정서 · 행동발달의 정도를 평가하고 성장과정에서 흔히 경험하게 되는 인지 · 정서 · 사회성 발달과정의 어려움을 조기에 평가하고 신속한 도움을 제공하기 위해 실시하는 선별검사입니다. 교육부는 학생들의 정신건강을 위한 지원책으로 2007년부터 학생정서행동특성검사를 실시해 오고 있습니다.

Q. 정서 · 행동특성 평가는 선별검사라는데 어떤 의미인가요?

▶ 학생정서 · 행동특성검사는 어떤 문제가 있다고 확정하는 진단검사가 아니라, 어떤 문제가 있을 가능성이 높은 군을 선별하는 검사입니다. 진단검사를 위해서는 전문가와의 면담을 통한 평가가 필수이지만 모든 학생들에게 시행하기는 어렵습니다. 따라서 정서 · 행동특성 평가는 간단한 자가 평가를 통해 문제 가능성이 높은 군을 선별하고자 하는 것입니다. 하지만 정서 · 행동특성검사는 학부모 또는 학생의 자가 평가에 의한 것이기에 실제로 문제가 없는 경우에도 관심군으로 판정이 될 수 있고 심각한 문제가 있다고 하더라도 정상으로 판정이 될 수 있으므로 검사결과에 따라 상담과 심층평가가 이루어집니다.

Q. 왜 이런 검사를 하나요?

▶ 아이들이 건강하게 성장하기 위해서는 마음건강과 스트레스 관리가 더욱 중요해지고 있습니다. 신체건강뿐 아니라 아이의 정서 · 행동의 어려움을 조기에 발견하고 성장기 스트레스를 건강하게 잘 관리하고 극복하는데 필요한 도움을 제공하기 위한 것입니다.

Q. 학생정서 · 행동특성검사는 어떻게 진행되나요?

▶ 정서 · 행동특성검사는 온라인 검사로 실시되며 온라인 검사가 어려운 경우 서면검사도 가능합니다. 초등학생은 학부모님이 자녀의 정서 · 행동 영역을 평가하게 되며, 중 · 고등학생은 학생 스스로 자신의 상태에 대해서 평가합니다. 검사결과에 따라 학생 개별 면담을 실시하며 전문기관의 추가검사가 필요하다고 판단된 학생은 학부모님의 동의하에 Wee센터 및 정신건강증진센터로 연계되어 심층평가 및 상담치유지원 등 체계적인 서비스를 받게 됩니다. Wee센터와 정신건강증진센터에서 서비스를 이용하는 것은 무료로 진행이 됩니다. 이후 의학적인 도움이

필요할 경우 병원으로 연계됩니다. 만약 즉각적인 도움이 필요한 학생의 경우에는, 센터를 거치지 않고 바로 병원으로 연계되기도 합니다.

Q. 학생정서 · 행동특성검사에서 사용 되는 검사지는 신뢰할 수 있는 것인가요?

▶ 정서 · 행동특성검사는 학교를 기반으로 학생들의 정서 · 행동 발달정도를 평가하기 위해 국내 전문 연구진들에 의해서 개발되었으며 신뢰도와 타당도가 검증된 검사도구입니다.

Q. 검사비는 유료인가요?

▶ 학교와 Wee센터 및 정신건강증진센터의 경우 상담에 따른 기본경비는 무료입니다. 이외 병원이나 외부 상담기관의 비용은 개인부담을 기본으로 합니다.

Q. 초등학생의 경우, 학부모가 학생 정서 · 행동검사에 응답하도록 되어 있는데, 누가 응답해야 할까요?

▶ 부모님 중 아이와 좀 더 많은 시간을 보내시는 분께서 작성해 주시면 좋습니다. 주 양육자가 부모님이 아닐 경우(조부모님 등) 부모님보다는 주 양육자가 작성해 주시기를 권해 드립니다.

Q. 초등학생의 경우, 부모가 설문지에 답변한 것으로 관심군을 결정하는 것이 맞나요?

▶ 예, 맞습니다! 초등학생의 경우 부모님이 자녀의 정서 · 행동특성검사에 답변한 결과를 토대로 평가합니다. 아이의 일상생활에 대해 부모님이 잘 아시는 경우가 많고 혹여 아이가 더 잘했으면 하는 모습들을 부모님이 체크하게 됩니다. 이 검사로 아이의 정서 · 행동발달 경향을 확정할

수는 없지만 관심을 기울이는 것이 필요하고 다시 한 번 우리 아이의 마음건강을 되새겨 볼 필요가 있다는 의미입니다.

Q. 중 · 고등학생의 경우, 아이들이 장난으로 체크할 수도 있지 않나요?

▶ 아이들이 장난으로 체크하거나 거짓으로 체크할 수도 있습니다. 어려움이 있는데도 없다고 표현하거나 별다른 문제가 없는데도 있는 것처럼 체크할 수도 있습니다. 별다른 어려움이 없는데 장난으로 체크한 경우는 학생면담이나 심층평가를 통해 확인이 가능합니다. 청소년들의 경우 자신의 느낌, 고민, 감정을 어른들에게 평소에 표현하지 못하는 경우도 많아 오히려 아이들이 솔직하게 자신의 어려움을 체크하는 경우도 많습니다.

Q. 설문지 문항 몇 개로 어떻게 아이의 심리상태에 대해 평가할 수 있나요?

▶ 정서 · 행동특성검사는 아이의 심리상태를 모두 파악하는 검사는 아닙니다. 일반적으로 성장기 흔하게 경험하게 되는 주요 정서 · 행동문제 경향에 대한 선별검사입니다. 아이의 마음상태에 대해 객관적으로 확인하고 외부 도움이 필요한 부분이 있다면 전문기관과 연계하여 건강하게 해결해 나갈 수 있도록 도움을 받을 수 있습니다.

Q. 지난 해 특성검사 결과가 '정상'(또는 주의군/ 관심군)으로 나왔습니다. 올해 또 검사를 받아야 하나요?

▶ 본 검사는 학생의 발달진행과정을 점검하기 위해 구성된 설문입니다. 한 달 동안 또는 일주일 동안의 변화를 체크하기 위한 문항으로 구성되어 있기 때문에 솔직하게 응답해 주시면 발달과정을 이해하는데 많은 도움이 될 것입니다.

Q. 이전 또는 최근에 외부기관에서 비슷한 검사를 받았습니다. 또 검사를 받아야 하나요?

▶ 학교를 기반으로 하는 아동청소년정신보건사업은 다양한 근거와 효과성을 근거로 진행되며, 이를 통해 조기발견 및 문제의 심각성을 줄일 수 있는 예방이 가능해 집니다. 또 한 번 검사를 받는다는 생각이 드시더라도 차근히 검사지에 응답을 하신다면 학생 정서발달에 대한 이해를 높이고, 학생건강증진에 많은 도움이 될 것입니다.

Q. 점수가 높다는 것(관심군)은 무슨 의미인가요?

▶ 정서 · 행동특성과 관련된 문항에 체크한 내용이 검사도구의 기준점수보다 높은 경우를 의미하며, 그 자체가 정신과적 진단을 의미하는 것은 결코 아닙니다. 다만, 집중력의 저하나 스트레스, 또래관계에서의 고민, 스트레스와 관련된 신체증상(두통, 복통, 입맛 저하 등)을 경험할 가능성이 있다는 의미입니다. 따라서 Wee센터나 정신건강증진센터에서 추가적인 평가를 받는다면 아이의 상태에 대해 더 자세히 이해할 수 있습니다.

Q. 검사 결과를 보고 아이가 힘들어 합니다. 부모로서 아이에게 어떤 도움을 줄 수 있을까요?

▶ 우선 학생을 지지하는 환경을 제공하고 학생정서 · 행동특성검사는 선별검사로 평가결과를 심각하게 받아들이지 않도록 안심시켜 줍니다. 그리고 본 평가를 통해 미처 알지 못했던 마음상태를 함께 확인하고 건강하게 극복할 수 있도록 전문가의 도움을 받을 수 있음을 설명합니다. 필요하다면 전문가의 도움을 받으실 수 있습니다. 학교 담당자에게 도움을 요청해 보세요.

Q. 검사 결과 관심군으로 선별되지는 않았지만, 관련 검사나 상담을 좀 더 받아보고 싶습니다. 어떻게 하면 될까요?

▶ 학교 담당자(상담교사, 보건교사 등)에게 문의하시면 지역 내 이용이 가능한 전문기관 이용방법에 대해 안내를 받으실 수 있습니다.

Q. Wee센터와 정신건강증진센터는 어떤 곳인가요?

▶ 학생들의 정서 · 행동발달 지원을 위한 상담 및 관련 검사를 실시하고 치유프로그램을 운영하는 전문기관입니다. Wee센터는 교육부 교육행정기관인 지역교육청에 설치된 기관이며 정신건강증진센터는 복지부 지방자치행정기관에 설치된 공공기관으로 학생검사 및 상담관련 기본 경비는 무료입니다.

Q. 검사 및 상담 등에 대한 비밀이 보장되나요?

▶ 학교 및 전문기관에서 실시한 검사 및 상담관련 자료 일체는 외부에 공개되지 않도록 철저히 관리하며 학생부와 건강기록부 등에 기록하지 않습니다. 다만 학생교육활동에 참여하시는 몇 분의 선생님(담임교사, 상담교사, 보건교사 등)은 학생에게 필요한 도움을 지원하기 위해 필요한 사항을 결정하게 되므로 최소한의 정보를 공유하게 됩니다.

Q. 검사결과가 아이에게 불리하게 작용할까 걱정됩니다.

▶ 정서 · 행동특성검사 및 상담결과 등은 병원진료기록이 아닌 학교 내 학생 생활지도에 필요한 설문조사(상담)결과로 아이에게 불리하게 작용하지 않습니다.

▶ 또한, 약물처방이 동반되지 않는 정신건강의학과 상담은 그 횟수와 관계없이 건강보험 청구에 따른 정신질환 기록을 남기지 않을 수 있도록 관련법령을 개정 · 시행('13. 4.)합니다.

Q. 전문기관 심층평가를 반드시 받아야 하나요?

▶ 전문기관 심층평가는 부모님의 동의하에 이루어지게 됩니다. 심층평가를 하지 않더라도 불이익은 없습니다. 그러나 학생의 건강한 성장 · 발달 지원을 위해 필요한 것으로 Wee센터나 정신건강증진센터 등 전문기관에서 심층평가를 받으실 것을 권유 드립니다.

학부모 면담요령

정서 · 행동특성평가 결과를 듣고 화를 내는 경우

"결과를 듣고 많이 놀라신 것 이해합니다. 이 검사는 진단을 위한 검사가 아니고 아이가 어려움이 있는지 더 관심을 가지고 도와 주자는 의미에서 하는 것입니다. 이 검사에서 관심군으로 나왔다고 해서 어떤 불이익을 받거나 문제가 생기지 않습니다. 아이를 더 잘 이해하고 도와주기 위해 가정에서도 관심을 가져 주듯이 학교에서도 더 노력하도록 하겠습니다. 아이들이 잘 자라려면 신체건강뿐만 아니라 스트레스 관리나 마음건강이 중요합니다. 요즘은 아이들도 여러 가지로 스트레스가 더 많아지고 있습니다. 혹시 OO 이가 고민이 있는데 어른들이 모르고 지나치지 않도록 이런 검사를 하는 것입니다. 아이의 생활에 더 관심을 기울여 주시고 혹여 상담을 더 원하시면 Wee센터나 정신건강증진센터에서 도움을 받을 수 있습니다."

- 검사에 대해 지나치게 걱정하시거나 검사결과가 "진단"이라고 오해하시는 경우 당황하여 화로 표현을 하시기도 합니다. 당황스러우시더라도 부모님의 걱정을 이해하고 공감하여 주십시오.
- 이 검사가 진단검사가 아니고 아이의 문제를 낙인찍기 위한 것이 아니라 도움을 주기 위한 것이라는 것을 재차 설명하여 주십시오.
- 아이들이 건강하게 자라기 위해서는 신체건강 뿐만 아니라 마음건강도 중요하며 스트레스나 고민이 정서 · 행동의 변화로 표현될 수 있다는 것을 다시 한 번 말씀해 주세요.
- 혹시 어른들이 모르는 어려움이 있는지 더 관심을 가지자는 뜻임을 설명해 주십시오.
- 또한 이 결과로 인해 어떠한 불이익을 받지 않는다는 것을 강조하여 주십시오.

전문기관 심층평가 등 진행에 대해 거부하는 경우

"이 검사 결과가 꼭 문제가 있다는 의미는 아닙니다. 혹시 어른들이 모르는 OO이의 스트레스나 어려움이 있을 수도 있으니 더 관심을 가지자는 것입니다. 지금 당장은 하지 않더라도 혹시 지켜보시고 아이에 대해 걱정이 되시면 이후에라도 추가적인 의논을 하실 수 있습니다. Wee센터나 정신건강증진센터에서 편안하게 무료로 스트레스 상담을 받을 수 있으니 아이의 스트레스에 더 관심을 기울여 주십시오."

- 정서 · 행동특성검사에 대해 우선 설명해 주십시오.
- 추후 진행에 참여 여부는 자율적으로 결정하실 수 있다는 것을 알려 주십시오.
- 아이가 보이는 스트레스, 고민에 대해 관심을 기울일 필요가 있음을 설명해 주십시오.
- 이후라도 아이의 정서 · 행동에 대한 추가적인 상담을 원하실 경우 언제라도 가능하며 Wee센터나 정신건강증진센터에서 무료로 상담할 수 있음을 알려주시고 정보를 제공하여 주십시오.
- 바로 의학적 치료로 연계가 되어야 하거나 자살의 위험성이 높은 경우에는 추가적인 평가를 반드시 받으실 것을 다시 권유하여 주십시오.

정서 · 행동특성평가 결과를 듣고 속상해서 울거나 불안해하는 경우

"이 검사에서 아이가 꼭 문제가 있다는 뜻은 아니니 너무 속상해 하지 마세요. 혹시 OO 이가 고민이 있는데도 어른들이 모를 수도 있으니 학교에서도 더 관심을 가지고 아이를 도와 주겠습니다. 외부기관에서 더 추가적인 상담을 무료로 받을 수 있으니 안내해 드리겠습니다."

- 결과에 대해 학부모님이 아이에 대한 걱정으로 자책하는 경우도 있습니다.
- 이 결과가 어떤 확정된 것이 아님을 설명하고 위로해 주십시오.
- 혹여 아이에게 도움이 필요한 경우 빨리 도와주어 건강하게 자라도록 돕는 것임을 말씀해 주십시오.
- 아이의 마음건강과 정서 · 행동발달에 대한 중요성이 커지고 이를 도와주기 위한 다양한 시스템이 있음을 설명하여 주십시오(학교 상담실, 보건실, Wee센터, 정신건강증진센터 등).

검사결과가 잘못 되었다고 항의하는 경우

"이 검사는 진단을 위한 검사가 아니므로 아이의 상태에 대해 확정적으로 단정하는 것은 아닙니다. 우선 부모님이 생각하시기에 아이가 큰 어려움이 없다고 하니 다행입니다. 간혹 아이들은 자신의 고민이나 스트레스를 표현하지 않는 경우도 많이 있으니 평소에도 아이의 마음에 더 많은 관심을 기울여 주십시오. 이후에 혹시나 의논할 사항이 생기면 Wee센터나 정신건강증진센터에서 도움을 받으실 수 있습니다."

- 학부모님이 생각하는 아이의 상태와 정서 · 행동특성검사에서 나타난 결과 간에 차이가 있을 수 있습니다.
- 정서 · 행동특성검사는 정확한 진단을 하기 위한 것이 아니라 선별하기 위한 검사임을 설명하여 주십시오.
- 한 번의 평가로 아이 상태를 결정하는 것이 아님을 설명하고 안심시켜 주십시오.
- 간혹 아이가 스트레스나 고민을 어른들에게 표현하지 않는 경우도 있으므로 추가적인 상담이나 평가가 아이의 어려움을 예방하기 위해 도움이 될 수 있음을 설명해 주십시오.
- 아이의 마음건강에 대해 관심을 기울이고 추가적인 상담이나 의논을 원하실 경우 Wee 센터나 정신건강증진센터에서 도움을 받을 수 있음을 알려 주세요.

부 록

1. 학교폭력 예방 및 대책에 관한 법률
2. 소년법
3. 각종 학교폭력 사안 처리 양식

부록 1 학교폭력예방 및 대책에 관한 법률

[시행 2012.5.1] [법률 제11388호, 2012.3.21, 일부개정]

제1조(목적) 이 법은 학교폭력의 예방과 대책에 필요한 사항을 규정함으로써 피해학생의 보호, 가해학생의 선도·교육 및 피해학생과 가해학생 간의 분쟁조정을 통하여 학생의 인권을 보호하고 학생을 건전한 사회구성원으로 육성함을 목적으로 한다.

제2조(정의) 이 법에서 사용하는 용어의 정의는 다음 각 호와 같다. 〈개정 2009.5.8, 2012.1.26, 2012.3.21〉

1. "학교폭력"이란 학교 내외에서 학생을 대상으로 발생한 상해, 폭행, 감금, 협박, 약취·유인, 명예훼손·모욕, 공갈, 강요·강제적인 심부름 및 성폭력, 따돌림, 사이버 따돌림, 정보통신망을 이용한 음란·폭력 정보 등에 의하여 신체·정신 또는 재산상의 피해를 수반하는 행위를 말한다.

1의2. "따돌림"이란 학교 내외에서 2명 이상의 학생들이 특정인이나 특정집단의 학생들을 대상으로 지속적이거나 반복적으로 신체적 또는 심리적 공격을 가하여 상대방이 고통을 느끼도록 하는 일체의 행위를 말한다.

1의3. "사이버 따돌림"이란 인터넷, 휴대전화 등 정보통신기기를 이용하여 학생들이 특정 학생들을 대상으로 지속적, 반복적으로 심리적 공격을 가하거나, 특정 학생과 관련된 개인정보 또는 허위사실을 유포하여 상대방이 고통을 느끼도록 하는 일체의 행위를 말한다.

2. "학교"란 「초·중등교육법」 제2조에 따른 초등학교·중학교·고등학교·특수학교 및 각종학교와 같은 법 제61조에 따라 운영하는 학교를 말한다.

3. "가해학생"이란 가해자 중에서 학교폭력을 행사하거나 그 행위에 가담한 학생을 말한다.

4. "피해학생"이란 학교폭력으로 인하여 피해를 입은 학생을 말한다.

5. "장애학생"이란 신체적·정신적·지적 장애 등으로 「장애인 등에 대한 특수교육법」 제15조에서 규정하는 특수교육을 필요로 하는 학생을 말한다.

제3조(해석 · 적용의 주의 의무) 이 법을 해석 · 적용함에 있어서 국민의 권리가 부당하게 침해되지 아니하도록 주의하여야 한다.

제4조(국가 및 지방자치단체의 책무) ① 국가 및 지방자치단체는 학교폭력을 예방하고 근절하기 위하여 조사 · 연구 · 교육 · 계도 등 필요한 법적 · 제도적 장치를 마련하여야 한다.

② 국가 및 지방자치단체는 청소년 관련 단체 등 민간의 자율적인 학교폭력 예방활동과 피해학생의 보호 및 가해학생의 선도 · 교육활동을 장려하여야 한다.

③ 국가 및 지방자치단체는 제2항에 따른 청소년 관련 단체 등 민간이 건의한 사항에 대하여는 관련 시책에 반영하도록 노력하여야 한다.

④ 국가 및 지방자치단체는 제1항부터 제3항까지의 규정에 따른 책무를 다하기 위하여 필요한 행정적 · 재정적 지원을 하여야 한다. 〈개정 2012.3.21〉

제5조(다른 법률과의 관계) ① 학교폭력의 규제, 피해학생의 보호 및 가해학생에 대한 조치에 있어서 다른 법률에 특별한 규정이 있는 경우를 제외하고는 이 법을 적용한다.

② 제2조제1호 중 성폭력은 다른 법률에 규정이 있는 경우에는 이 법을 적용하지 아니한다.

제6조(기본계획의 수립 등) ① 교육과학기술부장관은 이 법의 목적을 효율적으로 달성하기 위하여 학교폭력의 예방 및 대책에 관한 정책 목표 · 방향을 설정하고, 이에 따른 학교폭력의 예방 및 대책에 관한 기본계획(이하 "기본계획"이라 한다)을 제7조에 따른 학교폭력대책위원회의 심의를 거쳐 수립 · 시행하여야 한다. 〈개정 2012.3.21〉

② 기본계획은 다음 각 호의 사항을 포함하여 5년마다 수립하여야 한다. 이 경우 교육과학기술부장관은 관계 중앙행정기관 등의 의견을 수렴하여야 한다. 〈개정 2012.3.21〉

1. 학교폭력의 근절을 위한 조사 · 연구 · 교육 및 계도
2. 피해학생에 대한 치료 · 재활 등의 지원
3. 학교폭력 관련 행정기관 및 교육기관 상호 간의 협조 · 지원
4. 제14조제1항에 따른 전문상담교사의 배치 및 이에 대한 행정적 · 재정적 지원
5. 학교폭력의 예방과 피해학생 및 가해학생의 치료 · 교육을 수행하는 청소년 관련 단체(이하 "전문단체"라 한다) 또는 전문가에 대한 행정적 · 재정적 지원

6. 그 밖에 학교폭력의 예방 및 대책을 위하여 필요한 사항

③ 교육과학기술부장관은 대통령령으로 정하는 바에 따라 특별시 · 광역시 · 특별자치시 · 도 및 특별자치도(이하 "시 · 도"라 한다) 교육청의 학교폭력 예방 및 대책과 그에 대한 성과를 평가하고, 이를 공표하여야 한다. 〈신설 2012.1.26〉

제7조(학교폭력대책위원회의 설치 · 기능) 학교폭력의 예방 및 대책에 관한 다음 각 호의 사항을 심의하기 위하여 국무총리 소속으로 학교폭력대책위원회(이하 "대책위원회"라 한다)를 둔다. 〈개정 2012.3.21〉

1. 학교폭력의 예방 및 대책에 관한 기본계획의 수립 및 시행에 대한 평가

2. 학교폭력과 관련하여 관계 중앙행정기관 및 지방자치단체의 장이 요청하는 사항

3. 학교폭력과 관련하여 교육청, 제9조에 따른 학교폭력대책지역위원회, 제10조의2에 따른 학교폭력대책지역협의회, 제12조에 따른 학교폭력대책자치위원회, 전문단체 및 전문가가 요청하는 사항

[제목개정 2012.3.21]

제8조(대책위원회의 구성) ① 대책위원회는 위원장 2명을 포함하여 20명 이내의 위원으로 구성한다.

② 위원장은 국무총리와 학교폭력 대책에 관한 전문지식과 경험이 풍부한 전문가 중에서 대통령이 위촉하는 사람이 공동으로 되고, 위원장 모두가 부득이한 사유로 직무를 수행할 수 없을 때에는 국무총리가 지명한 위원이 그 직무를 대행한다.

③ 위원은 다음 각 호의 사람 중에서 대통령령이 위촉하는 사람으로 한다. 다만, 제1호의 경우에는 당연직 위원으로 한다.

1. 기획재정부장관, 교육과학기술부장관, 법무부장관, 행정안전부장관, 문화체육관광부장관, 보건복지부장관, 여성가족부장관, 방송통신위원회 위원장, 경찰청장

2. 학교폭력 대책에 관한 전문지식과 경험이 풍부한 전문가 중에서 제1호의 위원이 각각 1명씩 추천하는 사람

3. 관계 중앙행정기관에 소속된 3급 공무원 또는 고위공무원단에 속하는 공무원으로서 청소년 또는 의료 관련 업무를 담당하는 사람

4. 대학이나 공인된 연구기관에서 조교수 이상 또는 이에 상당한 직에 있거나 있었던 사람으로서 학교폭력 문제 및 이에 따른 상담 또는 심리에 관하여 전문지식이 있는 사람

5. 판사 · 검사 · 변호사
6. 전문단체에서 청소년보호활동을 5년 이상 전문적으로 담당한 사람
7. 의사의 자격이 있는 사람
8. 학교운영위원회 활동 및 청소년보호활동 경험이 풍부한 학부모

④ 위원장을 포함한 위원의 임기는 2년으로 하되, 1차에 한하여 연임할 수 있다.

⑤ 위원회의 효율적 운영 및 지원을 위하여 간사 1명을 두되, 간사는 교육과학기술부장관이 된다.

⑥ 위원회에 상정할 안건을 미리 검토하는 등 안건 심의를 지원하고, 위원회가 위임한 안건을 심의하기 위하여 대책위원회에 학교폭력대책실무위원회(이하 "실무위원회"라 한다)를 둔다.

⑦ 그 밖에 대책위원회의 운영과 실무위원회의 구성 · 운영에 필요한 사항은 대통령령으로 정한다.

[전문개정 2012.3.21]

제9조(학교폭력대책지역위원회의 설치) ① 지역의 학교폭력 문제를 해결하기 위하여 시 · 도에 학교폭력대책지역위원회(이하 "지역위원회"라 한다)를 둔다. 〈개정 2012.1.26〉

② 특별시장 · 광역시장 · 특별자치시장 · 도지사 및 특별자치도지사는 지역위원회의 운영 및 활동에 관하여 시 · 도의 교육감(이하 "교육감"이라 한다)과 협의하여야 하며, 그 효율적인 운영을 위하여 실무위원회를 둘 수 있다. 〈개정 2012.1.26〉

③ 지역위원회는 위원장 1인을 포함한 11인 이내의 위원으로 구성한다.

④ 지역위원회 및 제2항에 따른 실무위원회의 구성 · 운영에 필요한 사항은 대통령령으로 정한다.

제10조(학교폭력대책지역위원회의 기능 등) ① 지역위원회는 기본계획에 따라 지역의 학교폭력 예방대책을 매년 수립한다.

② 지역위원회는 해당 지역에서 발생한 학교폭력에 대하여 교육감 및 지방경찰청장에게 관련 자료를 요청할 수 있다.

③ 교육감은 지역위원회의 의견을 들어 제16조제1항제1호부터 제3호까지나 제17조제1항제5호에 따른 상담 · 치료 및 교육을 담당할 상담 · 치료 · 교육 기관을 지정하여야 한다. 〈개정 2012.1.26〉

④ 교육감은 제3항에 따른 상담 · 치료 · 교육 기관을 지정한 때에는 해당 기관의 명칭, 소재지, 업무를 인터넷 홈페이지에 게시하고, 그 밖에 다양한 방법으로 학부모에게 알릴 수 있도록 노력하여야 한다. 〈신설 2012.1.26〉

[제목개정 2012.1.26]

제10조의2(학교폭력대책지역협의회의 설치 · 운영) ① 학교폭력예방 대책을 수립하고 기관별 추진계획 및 상호 협력 · 지원 방안 등을 협의하기 위하여 시 · 군 · 구에 학교폭력대책지역협의회(이하 "지역협의회"라 한다)를 둔다.

② 지역협의회는 위원장 1명을 포함한 20명 내외의 위원으로 구성한다.

③ 그 밖에 지역협의회의 구성 · 운영에 필요한 사항은 대통령령으로 정한다.

[본조신설 2012.3.21]

제11조(교육감의 임무) ① 교육감은 시 · 도교육청에 학교폭력의 예방과 대책을 담당하는 전담부서를 설치 · 운영하여야 한다.

② 교육감은 관할 구역 안에서 학교폭력이 발생한 때에는 해당 학교의 장 및 관련 학교의 장에게 그 경과 및 결과의 보고를 요구할 수 있다.

③ 교육감은 관할 구역 안의 학교폭력이 관할 구역 외의 학교폭력과 관련이 있는 때에는 그 관할 교육감과 협의하여 적절한 조치를 취하여야 한다.

④ 교육감은 학교의 장으로 하여금 학교폭력의 예방 및 대책에 관한 실시계획을 수립 · 시행하도록 하여야 한다.

⑤ 교육감은 제12조에 따른 자치위원회가 처리한 학교의 학교폭력빈도를 학교의 장에 대한 업무수행 평가에 부정적 자료로 사용하여서는 아니 된다.

⑥ 교육감은 제17조제1항제8호에 따른 전학의 경우 그 실현을 위하여 필요한 조치를 취하여야 하며, 제17조제1항제9호에 따른 퇴학처분의 경우 해당 학생의 건전한 성장을 위하여 다른 학교 재입학 등의 적절한 대책을 강구하여야 한다. 〈개정 2012.1.26, 2012.3.21〉

⑦ 교육감은 대책위원회 및 지역위원회에 관할 구역 안의 학교폭력의 실태 및 대책에 관한 사항을 보고하고 공표하여야 한다. 관할 구역 밖의 학교폭력 관련 사항 중 관할 구역 안의 학교와 관련된 경우에도 또한 같다. 〈개정 2012.1.26, 2012.3.21〉

⑧ 교육감은 학교폭력의 실태를 파악하고 학교폭력에 대한 효율적인 예방대책을 수립하기 위하여 학교폭력 실태조사를 연 2회 이상 실시하여야 한다. 〈신설 2012.3.21〉

⑨ 교육감은 학교폭력 등에 관한 조사, 상담, 치유프로그램 운영 등을 위한 전문기관을 설치 · 운영할 수 있다. 〈신설 2012.3.21〉

⑩ 교육감은 관할 구역에서 학교폭력이 발생한 때에 해당 학교의 장 또는 소속 교원이 그 경과 및 결과를 보고함에 있어 축소 및 은폐를 시도한 경우에는 「교육공무원법」 제50조 및 「사립학교법」 제62조에 따른 징계위원회에 징계의결을 요구하여야 한다. 〈신설 2012.3.21〉

⑪ 교육감은 관할 구역에서 학교폭력의 예방 및 대책 마련에 기여한 바가 큰 학교 또는 소속 교원에게 상훈을 수여하거나 소속 교원의 근무성적 평정에 가산점을 부여할 수 있다. 〈신설 2012.3.21〉

⑫ 제1항에 따라 설치되는 전담부서의 구성과 제8항에 따라 실시하는 학교폭력 실태조사 및 제9항에 따른 전문기관의 설치에 필요한 사항은 대통령령으로 정한다. 〈개정 2012.3.21〉

제11조의2(학교폭력 조사 · 상담 등) ① 교육감은 학교폭력 예방과 사후조치 등을 위하여 다음 각 호의 조사 · 상담 등을 수행할 수 있다.

1. 학교폭력 피해학생 상담 및 가해학생 조사
2. 필요한 경우 가해학생 학부모 조사
3. 학교폭력 예방 및 대책에 관한 계획의 이행 지도
4. 관할 구역 학교폭력서클 단속
5. 학교폭력 예방을 위하여 민간 기관 및 업소 출입 · 검사
6. 그 밖에 학교폭력 등과 관련하여 필요로 하는 사항

② 교육감은 제1항의 조사 · 상담 등의 업무를 대통령령으로 정하는 기관 또는 단체에 위탁할 수 있다.

③ 교육감 및 제2항에 따른 위탁 기관 또는 단체의 장은 제1항에 따른 조사 · 상담 등의 업무를 수행함에 있어 필요한 경우 관계 기관의 장에게 협조를 요청할 수 있다.

④ 제1항에 따라 조사 · 상담 등을 하는 관계 직원은 그 권한을 표시하는 증표를 지니고 이를 관계인에게 보여주어야 한다.

⑤ 제1항제1호 및 제4호의 조사 등의 결과는 학교의 장 및 보호자에게 통보하여야 한다.

[본조신설 2012.3.21]

제11조의3(관계 기관과의 협조 등) ① 교육과학기술부장관, 교육감, 지역 교육장, 학교의 장은 학교폭력과 관련한 개인정보 등을 경찰청장, 지방경찰청장, 관할 경찰서장 및 관계 기관의 장에게 요청할 수 있다.

② 제1항에 따라 정보제공을 요청받은 경찰청장, 지방경찰청장, 관할 경찰서장 및 관계 기관의 장은 특별한 사정이 없으면 이에 응하여야 한다.

③ 제1항 및 제2항에 따른 관계 기관과의 협조 사항 및 절차 등에 필요한 사항은 대통령령으로 정한다.

[본조신설 2012.3.21]

제12조(학교폭력대책자치위원회의 설치 · 기능) ① 학교폭력의 예방 및 대책에 관련된 사항을 심의하기 위하여 학교에 학교폭력대책자치위원회(이하 "자치위원회"라 한다)를 둔다. 다만, 자치위원회 구성에 있어 대통령령으로 정하는 사유가 있는 경우에는 교육감의 보고를 거쳐 둘 이상의 학교가 공동으로 자치위원회를 구성할 수 있다. 〈개정 2012.1.26〉

② 자치위원회는 학교폭력의 예방 및 대책 등을 위하여 다음 각 호의 사항을 심의한다. 〈개정 2012.1.26〉

1. 학교폭력의 예방 및 대책수립을 위한 학교 체제 구축
2. 피해학생의 보호
3. 가해학생에 대한 선도 및 징계
4. 피해학생과 가해학생 간의 분쟁조정
5. 그 밖에 대통령령으로 정하는 사항

③ 자치위원회는 해당 지역에서 발생한 학교폭력에 대하여 학교장 및 관할 경찰서장에게 관련 자료를 요청할 수 있다. 〈신설 2012.3.21〉

④ 자치위원회의 설치 · 운영 등에 필요한 사항은 지역 및 학교의 규모 등을 고려하여 대통령령으로 정한다. 〈개정 2012.3.21〉

제13조(자치위원회의 구성 · 운영) ① 자치위원회는 위원장 1인을 포함하여 5인 이상 10인 이하의 위원으로 구성하되, 대통령령으로 정하는 바에 따라 전체위원의 과반수를 학부모전체회의에서 직접 선출된 학부모대표로 위촉하여야 한다. 다만, 학부모전체회의에서 학부모대표를 선출하기 곤란한 사유가 있는 경우에는 학급별 대표로 구성된 학부모대표회의에서 선출된 학부모대표로 위촉할 수 있다. 〈개정 2011.5.19〉

② 자치위원회는 분기별 1회 이상 회의를 개최하고, 자치위원회의 위원장은 다음 각 호의 어느 하나에 해당하는 경우에 회의를 소집하여야 한다. 〈신설 2011.5.19, 2012.1.26, 2012.3.21〉

1. 자치위원회 재적위원 4분의 1 이상이 요청하는 경우
2. 학교의 장이 요청하는 경우
3. 피해학생 또는 그 보호자가 요청하는 경우
4. 학교폭력이 발생한 사실을 신고받거나 보고받은 경우
5. 가해학생이 협박 또는 보복한 사실을 신고받거나 보고받은 경우
6. 그 밖에 위원장이 필요하다고 인정하는 경우

③ 자치위원회는 회의의 일시, 장소, 출석위원, 토의내용 및 의결사항 등이 기록된 회의록을 작성·보존하여야 한다. 〈신설 2011.5.19〉

④ 그 밖에 자치위원회의 구성·운영에 필요한 사항은 대통령령으로 정한다. 〈개정 2011.5.19〉

[제목개정 2011.5.19]

제14조(전문상담교사 배치 및 전담기구 구성) ① 학교의 장은 학교에 대통령령으로 정하는 바에 따라 상담실을 설치하고, 「초·중등교육법」 제19조의2에 따라 전문상담교사를 둔다.

② 전문상담교사는 학교의 장 및 자치위원회의 요구가 있는 때에는 학교폭력에 관련된 피해학생 및 가해학생과의 상감결과를 보고하여야 한다.

③ 학교의 장은 교감, 전문상담교사, 보건교사 및 책임교사(학교폭력문제를 담당하는 교사를 말한다) 등으로 학교폭력문제를 담당하는 전담기구(이하 "전담기구"라 한다)를 구성하며, 학교폭력 사태를 인지한 경우 지체 없이 전담기구 또는 소속 교원으로 하여금 가해 및 피해 사실 여부를 확인하도록 한다. 〈개정 2012.3.21〉

④ 전담기구는 학교폭력에 대한 실태조사(이하 "실태조사"라 한다)와 학교폭력 예방 프로그램을 구성·실시하며, 학교의 장 및 자치위원회의 요구가 있는 때에는 학교폭력에 관련된 조사결과 등 활동결과를 보고하여야 한다. 〈개정 2012.3.21〉

⑤ 피해학생 또는 피해학생의 보호자는 피해사실 확인을 위하여 전담기구에 실태조사를 요구할 수 있다. 〈신설 2009.5.8, 2012.3.21〉

⑥ 국가 및 지방자치단체는 실태조사에 관한 예산을 지원하고, 관계 행정기관은

실태조사에 협조하여야 하며, 학교의 장은 전담기구에 행정적·재정적 지원을 할 수 있다. 〈개정 2009.5.8, 2012.3.21〉

⑦ 전담기구는 성폭력 등 특수한 학교폭력사건에 대한 실태조사의 전문성을 확보하기 위하여 필요한 경우 전문기관에 그 실태조사를 의뢰할 수 있다. 이 경우 그 의뢰는 자치위원회 위원장의 심의를 거쳐 학교의 장 명의로 하여야 한다. 〈신설 2012.1.26, 2012.3.21〉

⑧ 그 밖에 전담기구 운영 등에 필요한 사항은 대통령령으로 정한다. 〈신설 2012.3.21〉

제15조(학교폭력 예방교육 등) ① 학교의 장은 학생의 육체적·정신적 보호와 학교폭력의 예방을 위한 학생들에 대한 교육(학교폭력의 개념·실태 및 대처방안 등을 포함하여야 한다)을 학기별로 1회 이상 실시하여야 한다. 〈개정 2012.1.26〉

② 학교의 장은 학교폭력의 예방 및 대책 등을 위한 교직원 및 학부모에 대한 교육을 학기별로 1회 이상 실시하여야 한다. 〈개정 2012.3.21〉

③ 학교의 장은 제1항에 따른 학교폭력 예방교육 프로그램의 구성 및 그 운용 등을 전담기구와 협의하여 전문단체 또는 전문가에게 위탁할 수 있다.

④ 교육장은 제1항부터 제3항까지의 규정에 따른 학교폭력 예방교육 프로그램의 구성과 운용계획을 학부모가 쉽게 확인할 수 있도록 인터넷 홈페이지에 게시하고, 그 밖에 다양한 방법으로 학부모에게 알릴 수 있도록 노력하여야 한다. 〈개정 2012.1.26〉

⑤ 그 밖에 학교폭력 예방교육의 실시와 관련한 사항은 대통령령으로 정한다. 〈개정 2011.5.19〉

[제목개정 2011.5.19]

제16조(피해학생의 보호) ① 자치위원회는 피해학생의 보호를 위하여 필요하다고 인정하는 때에는 피해학생에 대하여 다음 각 호의 어느 하나에 해당하는 조치(수 개의 조치를 병과하는 경우를 포함한다)를 할 것을 학교의 장에게 요청할 수 있다. 다만, 학교의 장은 피해학생의 보호를 위하여 긴급하다고 인정하거나 피해학생이 긴급보호의 요청을 하는 경우에는 자치위원회의 요청 전에 제1호, 제2호 및 제6호의 조치를 할 수 있다. 이 경우 자치위원회에 즉시 보고하여야 한다. 〈개정 2012.3.21〉

1. 심리상담 및 조언
2. 일시보호

3. 치료 및 치료를 위한 요양

4. 학급교체

5. 삭제 〈2012.3.21〉

6. 그 밖에 피해학생의 보호를 위하여 필요한 조치

② 자치위원회는 제1항에 따른 조치를 요청하기 전에 피해학생 및 그 보호자에게 의견진술의 기회를 부여하는 등 적정한 절차를 거쳐야 한다. 〈신설 2012.3.21〉

③ 제1항에 따른 요청이 있는 때에는 학교의 장은 피해학생의 보호자의 동의를 받아 7일 이내에 해당 조치를 하여야 하고 이를 자치위원회에 보고하여야 한다. 〈개정 2012.3.21〉

④ 제1항의 조치 등 보호가 필요한 학생에 대하여 학교의 장이 인정하는 경우 그 조치에 필요한 결석을 출석일수에 산입할 수 있다. 〈개정 2012.3.21〉

⑤ 학교의 장은 성적 등을 평가함에 있어서 제3항에 따른 조치로 인하여 학생에게 불이익을 주지 아니하도록 노력하여야 한다. 〈개정 2012.3.21〉

⑥ 피해학생이 전문단체나 전문가로부터 제1항제1호부터 제3호까지의 규정에 따른 상담 등을 받는 데에 사용되는 비용은 가해학생의 보호자가 부담하여야 한다. 다만, 피해학생의 신속한 치료를 위하여 학교의 장 또는 피해학생의 보호자가 원하는 경우에는 「학교안전사고 예방 및 보상에 관한 법률」제15조에 따른 학교안전공제회 또는 시·도교육청이 부담하고 이에 대한 구상권을 행사할 수 있다. 〈개정 2012.1.26, 2012.3.21〉

1. 삭제 〈2012.3.21〉

2. 삭제 〈2012.3.21〉

⑦ 학교의 장 또는 피해학생의 보호자는 필요한 경우 「학교안전사고 예방 및 보상에 관한 법률」 제34조의 공제급여를 학교안전공제회에 직접 청구할 수 있다. 〈신설 2012.1.26, 2012.3.21〉

⑧ 피해학생의 보호 및 제6항에 다른 지원범위, 구상범위, 지급절차 등에 필요한 사항은 대통령령으로 정한다. 〈신설 2012.3.21〉

제16조의2(장애학생의 보호) ① 누구든지 장애 등을 이유로 장애학생에게 학교폭력을 행사하여서는 아니 된다.

② 자치위원회는 학교폭력으로 피해를 입은 장애학생의 보호를 위하여 장애인전문

상담가의 상담 또는 장애인전문 치료기관의 요양 조치를 학교의 장에게 요청할 수 있다.

③ 제2항에 따른 요청이 있는 때에는 학교의 장은 해당 조치를 하여야 한다. 이 경우 제16조제6항을 준용한다. 〈개정 2012.3.21〉

[본조신설 2009.5.8]

제17조(가해학생에 대한 조치) ① 자치위원회는 피해학생의 보호와 가해학생의 선도·교육을 위하여 가해학생에 대하여 다음 각 호의 어느 하나에 해당하는 조치(수개의 조치를 병과하는 경우를 포함한다)를 할 것을 학교의 장에게 요청하여야 하며, 각 조치별 적용 기준은 대통령령으로 정한다. 다만, 퇴학처분은 의무교육과정에 있는 가해학생에 대하여는 적용하지 아니한다. 〈개정 2009.5.8, 2012.1.26, 2012.3.21〉

1. 피해학생에 대한 서면사과
2. 피해학생 및 신고·고발 학생에 대한 접촉, 협박 및 보복행위의 금지
3. 학교에서의 봉사
4. 사회봉사
5. 학내외 전문가에 의한 특별 교육이수 또는 심리치료
6. 출석정지
7. 학급교체
8. 전학
9. 퇴학처분

② 제1항에 따라 자치위원회가 학교의 장에게 가해학생에 대한 조치를 요청할 때 그 이유가 피해학생이나 신고·고발 학생에 대한 협박 또는 보복 행위일 경우에는 같은 항 각 호의 조치를 병과하거나 조치 내용을 가중할 수 있다. 〈신설 2012.3.21〉

③ 제1항제2호부터 제4호까지 및 제6호부터 제8호까지의 처분을 받은 가해학생은 교육감이 정한 기관에서 특별교육을 이수하거나 심리치료를 받아야 하며, 그 기간은 자치위원회에서 정한다. 〈개정 2012.1.26, 2012.3.21〉

④ 학교의 장은 가해학생에 대한 선도가 긴급하다고 인정할 경우 우선 제1항제1호부터 제3호까지, 제5호 및 제6호의 조치를 할 수 있으며, 제5호와 제6호는 병과조치할 수 있다. 이 경우 자치위원회에 즉시 보고하여 추인을 받아야 한다. 〈개정 2012.1.26, 2012.3.21〉

⑤ 자치위원회는 제1항 또는 제2항에 따른 조치를 요청하기 전에 가해학생 및 보호

자에게 의견진술의 기회를 부여하는 등 적정한 절차를 거쳐야 한다. 〈개정 2012.3.21〉

⑥ 제1항에 따른 요청이 있는 때에는 학교의 장은 14일 이내에 해당 조치를 하여야 한다. 〈개정 2012.1.26, 2012.3.21〉

⑦ 학교의 장이 제4항에 따른 조치를 한 때에는 가해학생과 그 보호자에게 이를 통지하여야 하며, 가해학생이 이를 거부하거나 회피하는 때에는 「초·중등교육법」 제18조에 따라 징계하여야 한다. 〈개정 2012.3.21〉

⑧ 가해학생이 제1항제3호부터 제5호까지의 규정에 따른 조치를 받은 경우 이와 관련된 결석은 학교의 장이 인정하는 때에는 이를 출석일수에 산입할 수 있다. 〈개정 2012.1.26, 2012.3.21〉

⑨ 자치위원회는 가해학생이 특별교육을 이수할 경우 해당 학생의 보호자도 함께 교육을 받게 하여야 한다. 〈개정 2012.3.21〉

⑩ 가해학생이 다른 학교로 전학을 간 이후에는 전학 전의 피해학생 소속 학교로 다시 전학올 수 없도록 하여야 한다. 〈신설 2012.1.26, 2012.3.21〉

⑪ 제1항제2호부터 제9호까지의 처분을 받은 학생이 해당 조치를 거부하거나 기피하는 경우 자치위원회는 제7항에도 불구하고 대통령령으로 정하는 바에 따라 추가로 다른 조치를 할 것을 학교의 장에게 요청할 수 있다. 〈신설 2012.3.21〉

⑫ 가해학생에 대한 조치 및 제11조제6항에 따른 재입학 등에 관하여 필요한 사항은 대통령령으로 정한다. 〈신설 2012.3.21〉

제17조의2(재심청구) ① 자치위원회 또는 학교의 장이 제16조제1항 및 제17조제1항에 따라 내린 조치에 대하여 이의가 있는 피해학생 또는 그 보호자는 그 조치를 받은 날부터 15일 이내, 그 조치가 있음을 안 날부터 10일 이내에 지역위원회에 재심을 청구할 수 있다. 〈신설 2012.3.21〉

② 자치위원회가 제17조제1항제8호와 제9호에 따라 내린 조치에 대하여 이의가 있는 학생 또는 그 보호자는 그 조치를 받은 날부터 15일 이내, 그 조치가 있음을 안 날로부터 10일 이내에 「초·중등교육법」 제18조의3에 따른 시·도학생징계조정위원회에 재심을 청구할 수 있다. 〈개정 2012.3.21〉

③ 지역위원회가 제1항에 따른 재심청구를 받은 때에는 30일 이내에 이를 심사·결정하여 청구인에게 통보하여야 한다. 〈신설 2012.3.21〉

④ 제3항의 결정에 이의가 있는 청구인은 그 통보를 받은 날부터 60일 이내에

행정심판을 제기할 수 있다. 〈신설 2012.3.21〉

⑤ 제1항에 따른 재심청구, 제3항에 따른 심사 절차 및 결정 통보 등에 필요한 사항은 대통령령으로 정한다. 〈신설 2012.3.21〉

⑥ 제2항에 따른 재심청구, 심사절차, 결정통보 등은 「초ㆍ중등교육법」 제18조의2 제2항부터 제4항까지의 규정을 준용한다. 〈개정 2012.3.21〉

[본조신설 2012.1.26]

제18조(분쟁조정) ① 자치위원회는 학교폭력과 관련하여 분쟁이 있는 경우에는 그 분쟁을 조정할 수 있다.

② 제1항에 따른 분쟁의 조정기간은 1개월을 넘지 못한다.

③ 학교폭력과 관련한 분쟁조정에는 다음 각 호의 사항을 포함한다.

1. 피해학생과 가해학생간 또는 그 보호자 간의 손해배상에 관련된 합의조정
2. 그 밖에 자치위원회가 필요하다고 인정하는 사항

④ 자치위원회는 분쟁조정을 위하여 필요하다고 인정하는 때에는 관계 기관의 협조를 얻어 학교폭력과 관련한 사항을 조사할 수 있다.

⑤ 자치위원회가 분쟁조정을 하고자 할 때에는 이를 피해학생ㆍ가해학생 및 그 보호자에게 통보하여야 한다.

⑥ 시ㆍ도교육청 관할 구역 안의 소속 학교가 다른 학생 간에 분쟁이 있는 경우에는 교육감이 해당 학교의 자치위원회위원장과의 협의를 거쳐 직접 분쟁을 조정한다. 이 경우 제2항부터 제5항까지의 규정을 준용한다.

⑦ 관할 구역을 달리하는 시ㆍ도교육청 소속 학교의 학생 간에 분쟁이 있는 경우에는 피해학생을 감독하는 교육감이 가해학생을 감독하는 교육감 및 관련 해당 학교의 자치위원회위원장과의 협의를 거쳐 직접 분쟁을 조정한다. 이 경우 제2항부터 제5항까지의 규정을 준용한다.

제19조(학교의 장의 의무) 학교의 장은 교육감에게 학교폭력이 발생한 사실 및 제16조, 제16조의2, 제17조, 제17조의2 및 제18조에 따른 조치 및 그 결과를 보고하고, 관계 기관과 협력하여 교내 학교폭력 단체의 결성예방 및 해체에 노력하여야 한다. 〈개정 2012.3.21〉

제20조(학교폭력의 신고의무) ① 학교폭력 현장을 보거나 그 사실을 알게 된 자는 학교 등 관계 기관에 이를 즉시 신고하여야 한다.

② 제1항에 따라 신고를 받은 기관은 이를 가해학생 및 피해학생의 보호자와 소속 학교의 장에게 통보하여야 한다. 〈개정 2009.5.8〉

③ 제2항에 따라 통보받은 소속 학교의 장은 이를 자치위원회에 지체 없이 통보하여야 한다. 〈신설 2009.5.8〉

④ 누구라도 학교폭력의 예비 · 음모 등을 알게 된 자는 이를 학교의 장 또는 자치위원회에 고발할 수 있다. 다만, 교원이 이를 알게 되었을 경우에는 학교의 장에게 보고하고 해당 학부모에게 알려야 한다. 〈개정 2009.5.8, 2012.1.26〉

⑤ 누구든지 제1항부터 제4항까지에 따라 학교폭력을 신고한 사람에게 그 신고행위를 이유로 불이익을 주어서는 아니 된다. 〈신설 2012.3.21〉

제20조의2(긴급전화의 설치 등) ① 국가 및 지방자치단체는 학교폭력을 수시로 신고받고 이에 대한 상담에 응할 수 있도록 긴급전화를 설치하여야 한다.

② 국가와 지방자치단체는 제1항에 따른 긴급전화의 설치 · 운영을 대통령령으로 정하는 기관 또는 단체에 위탁할 수 있다. 〈신설 2012.1.26〉

③ 제1항과 제2항에 따른 긴급전화의 설치 · 운영 · 위탁에 필요한 사항은 대통령령으로 정한다. 〈개정 2012.1.26〉

[본조신설 2009.5.8]

제20조의3(정보통신망에 의한 학교폭력 등) 제2조제1호에 따른 정보통신망을 이용한 음란 · 폭력 정보 등에 의한 신체상 · 정신상 피해에 관하여 필요한 사항은 따로 법률로 정한다.

[본조신설 2012.3.21]

제20조의4(정보통신망의 이용 등) ① 국가 · 지방자치단체 또는 교육감은 학교폭력 예방 업무 등을 효과적으로 수행하기 위하여 필요한 경우 정보통신망을 이용할 수 있다.

② 국가 · 지방자치단체 또는 교육감은 제1항에 따라 정보통신망을 이용하여 학교 또는 학생(학부모를 포함한다)이 학교폭력 예방 업무 등을 수행하는 경우 다음 각 호의 어느 하나에 해당하는 비용의 전부 또는 일부를 지원할 수 있다.

1. 학교 또는 학생(학부모를 포함한다)이 전기통신설비를 구입하거나 이용하는 데 소요되는 비용

2. 학교 또는 학생(학부모를 포함한다)에게 부과되는 전기통신역무 요금

③ 그 밖에 정보통신망의 이용 등에 관하여 필요한 사항은 대통령령으로 정한다.

[본조신설 2012.3.21]

제20조의5(학생보호인력의 배치 등) ① 국가 · 지방자치단체 또는 학교의 장은 학교폭력을 예방하기 위하여 학교 내에 학생보호인력을 배치하여 활용할 수 있다.

② 국가 · 지방자치단체 또는 학교의 장은 제1항에 따른 학생보호인력의 배치 및 활용 업무를 관련 전문기관 또는 단체에 위탁할 수 있다.

③ 제2항에 따라 학생보호인력의 배치 및 활용 업무를 위탁받은 관련 전문기관 또는 단체는 그 업무를 함에 있어 학교의 장과 충분히 협의하여야 한다.

[본조신설 2012.3.21]

제20조의6(영상정보처리기기의 통합 관제) ① 국가 및 지방자치단체는 학교폭력 예방 업무를 효과적으로 수행하기 위하여 교육감과 협의하여 학교 내외에 설치된 영상정보처리기기(「개인정보 보호법」 제2조제7호에 따른 영상정보처리기기를 말한다. 이하 이 조에서 같다)를 통합하여 관제할 수 있다. 이 경우 국가 및 지방자치단체는 통합 관제 목적에 필요한 범위에서 최소한의 개인정보만을 처리하여야 하며, 그 목적 외의 용도로 활용하여서는 아니 된다.

② 제1항에 따라 영상정보처리기기를 통합 관제하려는 국가 및 지방자치단체는 공청회 · 설명회의 개최 등 대통령령으로 정하는 절차를 거쳐 관계 전문가 및 이해관계인의 의견을 수렴하여야 한다.

③ 제1항에 따라 학교 내외에 설치된 영상정보처리기기가 통합 관제되는 경우 해당 학교의 영상정보처리기기운영자는 「개인정보 보호법」 제25조제4항에 따른 조치를 통하여 그 사실을 정보주체에게 알려야 한다.

④ 통합 관제에 관하여 이 법에서 규정한 것을 제외하고는 「개인정보 보호법」을 적용한다.

⑤ 그 밖에 영상정보처리기기의 통합 관제에 필요한 사항은 대통령령으로 정한다.

[본조신설 2012.3.21]

제21조(비밀누설금지 등) ① 이 법에 따라 학교폭력의 예방 및 대책과 관련된 업무를 수행하거나 수행하였던 자는 그 직무로 인하여 알게 된 비밀 또는 가해학생 · 피해학생 및 제20조에 따른 신고자 · 고발자와 관련된 자료를 누설하여서는 아니 된다. 〈개정 2012.1.26〉

② 제1항에 따른 비밀의 구체적인 범위는 대통령령으로 정한다.

③ 제16조, 제16조의2, 제17조, 제17조의2, 제18조에 따른 자치위원회의 회의는 공개하지 아니한다. 다만, 피해학생 · 가해학생 또는 그 보호자가 회의록의 열람 · 복사 등 회의록 공개를 신청한 때에는 학생과 그 가족의 성명, 주민등록번호 및 주소, 위원의 성명 등 개인정보에 관한 사항을 제외하고 공개하여야 한다. 〈개정 2011.5.19, 2012.3.21〉

제22조(벌칙) ①제21조제1항을 위반한 자는 300만원 이하의 벌금에 처한다. 〈개정 2012.3.21〉

② 제17조제9항에 따른 자치위원회의 교육 이수 조치를 따르지 아니한 보호자에게는 300만원 이하의 과태료를 부과한다. 〈신설 2012.3.21〉

부칙 〈제11388호, 2012.3.21〉

제1조(시행일) 이 법은 2012년 5월 1일부터 시행한다. 다만, 제2조, 제4조제4항, 제13조제2항, 제15조제2항, 제16조, 제16조의2, 제17조, 제20조제5항, 제20조의3의 개정규정 및 법률 제11223호 학교폭력예방 및 대책에 관한 법률 일부개정법률 부칙 제1조의 개정규정은 2012년 4월 1일부터 시행한다.

제2조(학교안전공제회 등의 비용부담 및 구상권 행사에 관한 적용례) 제16조제6항의 개정규정은 학교폭력으로 피해를 받아 같은 개정규정 시행 당시 치료 등을 받고 있는 사람부터 적용한다.

부록 2 소년법

제1장 총칙

제1조(목적) 이 법은 반사회성(反社會性)이 있는 소년의 환경 조정과 품행 교정(矯正)을 위한 보호처분 등의 필요한 조치를 하고, 형사처분에 관한 특별조치를 함으로써 소년이 건전하게 성장하도록 돕는 것을 목적으로 한다.

제2조(소년 및 보호자) 이 법에서 "소년"이란 19세 미만인 자를 말하며, "보호자"란 법률상 감호교육(監護教育)을 할 의무가 있는 자 또는 현재 감호하는 자를 말한다.

제2장 보호사건

제1절 통칙

제3조(관할 및 직능) ① 소년 보호사건의 관할은 소년의 행위지, 거주지 또는 현재지로 한다.

② 소년 보호사건은 가정법원소년부 또는 지방법원소년부[이하 "소년부(少年部)"라 한다]에 속한다.

③ 소년 보호사건의 심리(審理)와 처분 결정은 소년부 단독판사가 한다.

제4조(보호의 대상과 송치 및 통고) ① 다음 각 호의 어느 하나에 해당하는 소년은 소년부의 보호사건으로 심리한다.

1. 죄를 범한 소년

2. 형벌 법령에 저촉되는 행위를 한 10세 이상 14세 미만인 소년

3. 다음 각 목에 해당하는 사유가 있고 그의 성격이나 환경에 비추어 앞으로 형벌 법령에 저촉되는 행위를 할 우려가 있는 10세 이상인 소년

가. 집단적으로 몰려다니며 주위 사람들에게 불안감을 조성하는 성벽(性癖)이 있

는 것

나. 정당한 이유 없이 가출하는 것

다. 술을 마시고 소란을 피우거나 유해환경에 접하는 성벽이 있는 것

② 제1항제2호 및 제3호에 해당하는 소년이 있을 때에는 경찰서장은 직접 관할 소년부에 송치(送致)하여야 한다.

③ 제1항 각 호의 어느 하나에 해당하는 소년을 발견한 보호자 또는 학교·사회복리시설·보호관찰소(보호관찰지소를 포함한다. 이하 같다)의 장은 이를 관할 소년부에 통고할 수 있다.

제5조(송치서) 소년 보호사건을 송치하는 경우에는 송치서에 사건 본인의 주거·성명·생년월일 및 행위의 개요와 가정 상황을 적고, 그 밖의 참고자료를 첨부하여야 한다.

제6조(이송) ① 보호사건을 송치받은 소년부는 보호의 적정을 기하기 위하여 필요하다고 인정하면 결정(決定)으로써 사건을 다른 관할 소년부에 이송할 수 있다.

② 소년부는 사건이 그 관할에 속하지 아니한다고 인정하면 결정으로써 그 사건을 관할 소년부에 이송하여야 한다.

제7조(형사처분 등을 위한 관할 검찰청으로의 송치) ① 소년부는 조사 또는 심리한 결과 금고 이상의 형에 해당하는 범죄 사실이 발견된 경우 그 동기와 죄질이 형사처분을 할 필요가 있다고 인정하면 결정으로써 사건을 관할 지방법원에 대응한 검찰청 검사에게 송치하여야 한다.

② 소년부는 조사 또는 심리한 결과 사건의 본인이 19세 이상인 것으로 밝혀진 경우에는 결정으로써 사건을 관할 지방법원에 대응하는 검찰청 검사에게 송치하여야 한다. 다만, 제51조에 따라 법원에 이송하여야 할 경우에는 그러하지 아니하다.

제8조(통지) 소년부는 제6조와 제7조에 따른 결정을 하였을 때에는 지체 없이 그 사유를 사건 본인과 그 보호자에게 알려야 한다.

제2절 조사와 심리

제9조(조사 방침) 조사는 의학·심리학·교육학·사회학이나 그 밖의 전문적인 지식을 활용하여 소년과 보호자 또는 참고인의 품행, 경력, 가정 상황, 그 밖의 환경 등을 밝히도록 노력하여야 한다.

제10조(진술거부권의 고지) 소년부 또는 조사관이 범죄 사실에 관하여 소년을 조사할

때에는 미리 소년에게 불리한 진술을 거부할 수 있음을 알려야 한다.

제11조(조사명령) ① 소년부 판사는 조사관에게 사건 본인, 보호자 또는 참고인의 심문이나 그 밖에 필요한 사항을 조사하도록 명할 수 있다.

② 소년부는 제4조제3항에 따라 통고된 소년을 심리할 필요가 있다고 인정하면 그 사건을 조사하여야 한다.

제12조(전문가의 진단) 소년부는 조사 또는 심리를 할 때에 정신건강의학과의사 · 심리학자 · 사회사업가 · 교육자나 그 밖의 전문가의 진단, 소년 분류심사원의 분류심사 결과와 의견, 보호관찰소의 조사결과와 의견 등을 고려하여야 한다.

제13조(소환 및 동행영장) ① 소년부 판사는 사건의 조사 또는 심리에 필요하다고 인정하면 기일을 지정하여 사건 본인이나 보호자 또는 참고인을 소환할 수 있다.

② 사건 본인이나 보호자가 정당한 이유 없이 소환에 응하지 아니하면 소년부 판사는 동행영장을 발부할 수 있다.

제14조(긴급동행영장) 소년부 판사는 사건 본인을 보호하기 위하여 긴급조치가 필요하다고 인정하면 제13조제1항에 따른 소환 없이 동행영장을 발부할 수 있다.

제15조(동행영장의 방식) 동행영장에는 다음 각 호의 사항을 적고 소년부 판사가 서명날인하여야 한다.

1. 소년이나 보호자의 성명
2. 나이
3. 주거
4. 행위의 개요
5. 인치(引致)하거나 수용할 장소
6. 유효기간 및 그 기간이 지나면 집행에 착수하지 못하며 영장을 반환하여야 한다는 취지
7. 발부연월일

제16조(동행영장의 집행) ① 동행영장은 조사관이 집행한다.

② 소년부 판사는 소년부 법원서기관 · 법원사무관 · 법원주사 · 법원주사보나 보호관찰관 또는 사법경찰관리에게 동행영장을 집행하게 할 수 있다.

③ 동행영장을 집행하면 지체 없이 보호자나 보조인에게 알려야 한다.

제17조(보조인 선임) ① 사건 본인이나 보호자는 소년부 판사의 허가를 받아 보조인

을 선임할 수 있다.

② 보호자나 변호사를 보조인으로 선임하는 경우에는 제1항의 허가를 받지 아니하여도 된다.

③ 보조인을 선임함에 있어서는 보조인과 연명날인한 서면을 제출하여야 한다. 이 경우 변호사가 아닌 사람을 보조인으로 선임할 경우에는 위 서면에 소년과 보조인과의 관계를 기재하여야 한다.

④ 소년부 판사는 보조인이 심리절차를 고의로 지연시키는 등 심리진행을 방해하거나 소년의 이익에 반하는 행위를 할 우려가 있다고 판단하는 경우에는 보조인 선임의 허가를 취소할 수 있다.

⑤ 보조인의 선임은 심급마다 하여야 한다.

⑥ 「형사소송법」 중 변호인의 권리의무에 관한 규정은 소년 보호사건의 성질에 위배되지 아니하는 한 보조인에 대하여 준용한다.

제17조의2(국선보조인) ① 소년이 소년분류심사원에 위탁된 경우 보조인이 없을 때에는 법원은 변호사 등 적정한 자를 보조인으로 선정하여야 한다.

② 소년이 소년분류심사원에 위탁되지 아니하였을 때에도 다음의 경우 법원은 직권에 의하거나 소년 또는 보호자의 신청에 따라 보조인을 선정할 수 있다.

1. 소년에게 신체적·정신적 장애가 의심되는 경우
2. 빈곤이나 그 밖의 사유로 보조인을 선임할 수 없는 경우
3. 그 밖에 소년부 판사가 보조인이 필요하다고 인정하는 경우

③ 제1항과 제2항에 따라 선정된 브조인에게 지급하는 비용에 대하여는 「형사소송비용 등에 관한 법률」을 준용한다.

제18조(임시조치) ① 소년부 판사는 사건을 조사 또는 심리하는 데에 필요하다고 인정하면 소년의 감호에 관하여 결정으로써 다음 각 호의 어느 하나에 해당하는 조치를 할 수 있다.

1. 보호자, 소년을 보호할 수 있는 적당한 자 또는 시설에 위탁
2. 병원이나 그 밖의 요양소에 위탁
3. 소년분류심사원에 위탁

② 동행된 소년 또는 제52조제1항에 따라 인도된 소년에 대하여는 도착한 때로부터 24시간 이내에 제1항의 조치를 하여야 한다.

③ 제1항제1호 및 제2호의 위탁기간은 3개월을, 제1항제3호의 위탁기간은 1개월을 초과하지 못한다. 다만, 특별히 계속 조치할 필요가 있을 때에는 한 번에 한하여 결정으로써 연장할 수 있다.

④ 제1항제1호 및 제2호의 조치를 할 때에는 보호자 또는 위탁받은 자에게 소년의 감호에 관한 필요 사항을 지시할 수 있다.

⑤ 소년부 판사는 제1항의 결정을 하였을 때에는 소년부 법원서기관 · 법원사무관 · 법원주사 · 법원주사보, 소년분류심사원 소속 공무원, 교도소 또는 구치소 소속 공무원, 보호관찰관 또는 사법경찰관리에게 그 결정을 집행하게 할 수 있다.

⑥ 제1항의 조치는 언제든지 결정으로써 취소하거나 변경할 수 있다.

제19조(심리 불개시의 결정) ① 소년부 판사는 송치서와 조사관의 조사보고에 따라 사건의 심리를 개시(開始)할 수 없거나 개시할 필요가 없다고 인정하면 심리를 개시하지 아니한다는 결정을 하여야 한다. 이 결정은 사건 본인과 보호자에게 알려야 한다.

② 사안이 가볍다는 이유로 심리를 개시하지 아니한다는 결정을 할 때에는 소년에게 훈계하거나 보호자에게 소년을 엄격히 관리하거나 교육하도록 고지할 수 있다.

③ 제1항의 결정이 있을 때에는 제18조의 임시조치는 취소된 것으로 본다.

④ 소년부 판사는 소재가 분명하지 아니하다는 이유로 심리를 개시하지 아니한다는 결정을 받은 소년의 소재가 밝혀진 경우에는 그 결정을 취소하여야 한다.

제20조(심리 개시의 결정) ① 소년부 판사는 송치서와 조사관의 조사보고에 따라 사건을 심리할 필요가 있다고 인정하면 심리 개시 결정을 하여야 한다.

② 제1항의 결정은 사건 본인과 보호자에게 알려야 한다. 이 경우 심리 개시 사유의 요지와 보조인을 선임할 수 있다는 취지를 아울러 알려야 한다.

제21조(심리 기일의 지정) ① 소년부 판사는 심리 기일을 지정하고 본인과 보호자를 소환하여야 한다. 다만, 필요가 없다고 인정한 경우에는 보호자는 소환하지 아니할 수 있다.

② 보조인이 선정된 경우에는 보조인에게 심리 기일을 알려야 한다.

제22조(기일 변경) 소년부 판사는 직권에 의하거나 사건 본인, 보호자 또는 보조인의 청구에 의하여 심리 기일을 변경할 수 있다. 기일을 변경한 경우에는 이를 사건 본인, 보호자 또는 보조인에게 알려야 한다.

제23조(심리의 개시) ① 심리 기일에는 소년부 판사와 서기가 참석하여야 한다.

② 조사관, 보호자 및 보조인은 심리 기일에 출석할 수 있다.

제24조(심리의 방식) ① 심리는 친절하고 온화하게 하여야 한다.

② 심리는 공개하지 아니한다. 다만, 소년부 판사는 적당하다고 인정하는 자에게 참석을 허가할 수 있다.

제25조(의견의 진술) ① 조사관, 보호자 및 보조인은 심리에 관하여 의견을 진술할 수 있다.

② 제1항의 경우에 소년부 판사는 필요하다고 인정하면 사건 본인의 퇴장을 명할 수 있다.

제25조의2(피해자 등의 진술권) 소년부 판사는 피해자 또는 그 법정대리인 · 변호인 · 배우자 · 직계친족 · 형제자매(이하 이 조에서 "대리인등"이라 한다)가 의견진술을 신청할 때에는 피해자나 그 대리인등에게 심리 기일에 의견을 진술할 기회를 주어야 한다. 다만, 다음 각 호의 어느 하나에 해당하는 경우에는 그러하지 아니하다.

1. 신청인이 이미 심리절차에서 충분히 진술하여 다시 진술할 필요가 없다고 인정되는 경우

2. 신청인의 진술로 심리절차가 현저하게 지연될 우려가 있는 경우

제25조의3(화해권고) ① 소년부 판사는 소년의 품행을 교정하고 피해자를 보호하기 위하여 필요하다고 인정하면 소년에게 피해 변상 등 피해자와의 화해를 권고할 수 있다.

② 소년부 판사는 제1항의 화해를 위하여 필요하다고 인정하면 기일을 지정하여 소년, 보호자 또는 참고인을 소환할 수 있다.

③ 소년부 판사는 소년이 제1항의 권고에 따라 피해자와 화해하였을 경우에는 보호처분을 결정할 때 이를 고려할 수 있다.

제26조(증인신문, 감정, 통역 · 번역) ① 소년부 판사는 증인을 신문(訊問)하고 감정(鑑定)이나 통역 및 번역을 명할 수 있다.

② 제1항의 경우에는 「형사소송법」 중 법원의 증인신문, 감정이나 통역 및 번역에 관한 규정을 보호사건의 성질에 위반되지 아니하는 한도에서 준용한다.

제27조(검증, 압수, 수색) ① 소년부 판사는 검증, 압수 또는 수색을 할 수 있다.

② 제1항의 경우에는 「형사소송법」 중 법원의 검증, 압수 및 수색에 관한 규정은 보호사건의 성질에 위반되지 아니하는 한도에서 준용한다.

제28조(원조, 협력) ① 소년부 판사는 그 직무에 관하여 모든 행정기관, 학교, 병원,

그 밖의 공사단체(公私團體)에 필요한 원조와 협력을 요구할 수 있다.

② 제1항의 요구를 거절할 때에는 정당한 이유를 제시하여야 한다.

제29조(불처분 결정) ① 소년부 판사는 심리 결과 보호처분을 할 수 없거나 할 필요가 없다고 인정하면 그 취지의 결정을 하고, 이를 사건 본인과 보호자에게 알려야 한다.

② 제1항의 결정에 관하여는 제19조제2항과 제3항을 준용한다.

제30조(기록의 작성) ① 소년부 법원서기관 · 법원사무관 · 법원주사 또는 법원주사보는 보호사건의 조사 및 심리에 대한 기록을 작성하여 조사 및 심리의 내용과 모든 결정을 명확히 하고 그 밖에 필요한 사항을 적어야 한다.

② 조사 기록에는 조사관 및 소년부 법원서기관 · 법원사무관 · 법원주사 또는 법원주사보가, 심리기록에는 소년부 판사 및 법원서기관 · 법원사무관 · 법원주사 또는 법원주사보가 서명날인하여야 한다.

제30조의2(기록의 열람 · 등사) 소년 보호사건의 기록과 증거물은 소년부 판사의 허가를 받은 경우에만 열람하거나 등사할 수 있다. 다만, 보조인이 심리 개시 결정 후에 소년 보호사건의 기록과 증거물을 열람하는 경우에는 소년부 판사의 허가를 받지 아니하여도 된다.

제31조(위임규정) 소년 보호사건의 심리에 필요한 사항은 대법원규칙으로 정한다.

제3절 보호처분

제32조(보호처분의 결정) ① 소년부 판사는 심리 결과 보호처분을 할 필요가 있다고 인정하면 결정으로써 다음 각 호의 어느 하나에 해당하는 처분을 하여야 한다.

1. 보호자 또는 보호자를 대신하여 소년을 보호할 수 있는 자에게 감호 위탁
2. 수강명령
3. 사회봉사명령
4. 보호관찰관의 단기(短期) 보호관찰
5. 보호관찰관의 장기(長期) 보호관찰
6. 「아동복지법」에 따른 아동복지시설이나 그 밖의 소년보호시설에 감호 위탁
7. 병원, 요양소 또는 「보호소년 등의 처우에 관한 법률」에 따른 소년의료보호시설에 위탁
8. 1개월 이내의 소년원 송치
9. 단기 소년원 송치

10. 장기 소년원 송치

② 다음 각 호 안의 처분 상호 간에는 그 전부 또는 일부를 병합할 수 있다.

1. 제1항제1호 · 제2호 · 제3호 · 제4호 처분
2. 제1항제1호 · 제2호 · 제3호 · 제5호 처분
3. 제1항제4호 · 제6호 처분
4. 제1항제5호 · 제6호 처분
5. 제1항제5호 · 제8호 처분

③ 제1항제3호의 처분은 14세 이상의 소년에게만 할 수 있다.

④ 제1항제2호 및 제10호의 처분은 12세 이상의 소년에게만 할 수 있다.

⑤ 제1항 각 호의 어느 하나에 해당하는 처분을 한 경우 소년부는 소년을 인도하면서 소년의 교정에 필요한 참고자료를 위탁받는 자나 처분을 집행하는 자에게 넘겨야 한다.

⑥ 소년의 보호처분은 그 소년의 장래 신상에 어떠한 영향도 미치지 아니한다.

제32조의2(보호관찰처분에 따른 부가처분 등) ① 제32조제1항제4호 또는 제5호의 처분을 할 때에 3개월 이내의 기간을 정하여 「보호소년 등의 처우에 관한 법률」에 따른 대안교육 또는 소년의 상담 · 선도 · 교화와 관련된 단체나 시설에서의 상담 · 교육을 받을 것을 동시에 명할 수 있다.

② 제32조제1항제4호 또는 제5호의 처분을 할 때에 1년 이내의 기간을 정하여 야간 등 특정 시간대의 외출을 제한하는 명령을 보호관찰대상자의 준수 사항으로 부과할 수 있다.

③ 소년부 판사는 가정상황 등을 고려하여 필요하다고 판단되면 보호자에게 소년원 · 소년분류심사원 또는 보호관찰소 등에서 실시하는 소년의 보호를 위한 특별교육을 받을 것을 명할 수 있다.

제33조(보호처분의 기간) ① 제32조제1항제1호 · 제6호 · 제7호의 위탁기간은 6개월로 하되, 소년부 판사는 결정으로써 6개월의 범위에서 한 번에 한하여 그 기간을 연장할 수 있다. 다만, 소년부 판사는 필요한 경우에는 언제든지 결정으로써 그 위탁을 종료시킬 수 있다.

② 제32조제1항제4호의 단기 보호관찰기간은 1년으로 한다.

③ 제32조제1항제5호의 장기 보호관찰기간은 2년으로 한다. 다만, 소년부 판사는

보호관찰관의 신청에 따라 결정으로써 1년의 범위에서 한 번에 한하여 그 기간을 연장할 수 있다.

④ 제32조제1항제2호의 수강명령은 100시간을, 제32조제1항제3호의 사회봉사명령은 200시간을 초과할 수 없으며, 보호관찰관이 그 명령을 집행할 때에는 사건 본인의 정상적인 생활을 방해하지 아니하도록 하여야 한다.

⑤ 제32조제1항제9호에 따라 단기로 소년원에 송치된 소년의 보호기간은 6개월을 초과하지 못한다.

⑥ 제32조제1항제10호에 따라 장기로 소년원에 송치된 소년의 보호기간은 2년을 초과하지 못한다.

⑦ 제32조제1항제6호부터 제10호까지의 어느 하나에 해당하는 처분을 받은 소년이 시설위탁이나 수용 이후 그 시설을 이탈하였을 때에는 위 처분기간은 진행이 정지되고, 재위탁 또는 재수용된 때로부터 다시 진행한다.

제34조(몰수의 대상) ① 소년부 판사는 제4조제1항제1호 · 제2호에 해당하는 소년에 대하여 제32조의 처분을 하는 경우에는 결정으로써 다음의 물건을 몰수할 수 있다.

1. 범죄 또는 형벌 법령에 저촉되는 행위에 제공하거나 제공하려 한 물건
2. 범죄 또는 형벌 법령에 저촉되는 행위로 인하여 생기거나 이로 인하여 취득한 물건
3. 제1호와 제2호의 대가로 취득한 물건

② 제1항의 몰수는 그 물건이 사건 본인 이외의 자의 소유에 속하지 아니하는 경우에만 할 수 있다. 다만, 사건 본인의 행위가 있은 후 그 정을 알고도 취득한 자가 소유한 경우에는 그러하지 아니하다.

제35조(결정의 집행) 소년부 판사는 제32조제1항 또는 제32조의2에 따른 처분 결정을 하였을 때에는 조사관, 소년부 법원서기관 · 법원사무관 · 법원주사 · 법원주사보, 보호관찰관, 소년원 또는 소년분류심사원 소속 공무원, 그 밖에 위탁 또는 송치받을 기관 소속의 직원에게 그 결정을 집행하게 할 수 있다.

제36조(보고와 의견 제출) ① 소년부 판사는 제32조제1항제1호 · 제6호 · 제7호의 처분을 한 경우에는 위탁받은 자에게 소년에 관한 보고서나 의견서를 제출하도록 요구할 수 있다.

② 소년부 판사는 조사관에게 제32조제1항제1호 · 제6호 · 제7호의 처분에 관한

집행상황을 보고하게 할 수 있고, 필요하다고 인정되면 위탁받은 자에게 그 집행과 관련된 사항을 지시할 수 있다.

제37조(처분의 변경) ① 소년부 판사는 위탁받은 자나 보호처분을 집행하는 자의 신청에 따라 결정으로써 제32조의 보호처분과 제32조의2의 부가처분을 변경할 수 있다. 다만, 제32조제1항제1호 · 제6호 · 제7호의 보호처분과 제32조의2제1항의 부가처분은 직권으로 변경할 수 있다.

② 제1항에 따른 결정을 집행할 때에는 제35조를 준용한다.

③ 제1항의 결정은 지체 없이 사건 본인과 보호자에게 알리고 그 취지를 위탁받은 자나 보호처분을 집행하는 자에게 알려야 한다.

제38조(보호처분의 취소) ① 보호처분이 계속 중일 때에 사건 본인이 처분 당시 19세 이상인 것으로 밝혀진 경우에는 소년부 판사는 결정으로써 그 보호처분을 취소하고 다음의 구분에 따라 처리하여야 한다.

1. 검사 · 경찰서장의 송치 또는 제4조제3항의 통고에 의한 사건인 경우에는 관할 지방법원에 대응하는 검찰청 검사에게 송치한다.

2. 제50조에 따라 법원이 송치한 사건인 경우에는 송치한 법원에 이송한다.

② 제4조제1항제1호 · 제2호의 소년에 대한 보호처분이 계속 중일 때에 사건 본인이 행위 당시 10세 미만으로 밝혀진 경우 또는 제4조제1항제3호의 소년에 대한 보호처분이 계속 중일 때에 사건 본인이 처분 당시 10세 미만으로 밝혀진 경우에는 소년부 판사는 결정으로써 그 보호처분을 취소하여야 한다.

제39조(보호처분과 유죄판결) 보호처분이 계속 중일 때에 사건 본인에 대하여 유죄판결이 확정된 경우에 보호처분을 한 소년부 판사는 그 처분을 존속할 필요가 없다고 인정하면 결정으로써 보호처분을 취소할 수 있다.

제40조(보호처분의 경합) 보호처분이 계속 중일 때에 사건 본인에 대하여 새로운 보호처분이 있었을 때에는 그 처분을 한 소년부 판사는 이전의 보호처분을 한 소년부에 조회하여 어느 하나의 보호처분을 취소하여야 한다.

제41조(비용의 보조) 제18조제1항제1호 · 제2호의 조치에 관한 결정이나 제32조제1항제1호 · 제6호 · 제7호(「보호소년 등의 처우에 관한 법률」에 따른 소년의료보호시설 위탁처분은 제외한다)의 처분을 받은 소년의 보호자는 위탁받은 자에게 그 감호에 관한 비용의 전부 또는 일부를 지급하여야 한다. 다만, 보호자가 지급할 능력이 없을 때에는

소년부가 지급할 수 있다.

제42조(증인 등의 비용) ① 증인·감정인·통역인·번역인에게 지급하는 비용, 숙박료, 그 밖의 비용에 대하여는 「형사소송법」 중 비용에 관한 규정을 준용한다.

② 참고인에게 지급하는 비용에 관하여는 제1항을 준용한다

제4절 항고

제43조(항고) ① 제32조에 따른 보호처분의 결정 및 제32조의2에 따른 부가처분 등의 결정 또는 제37조의 보호처분·부가처분 변경 결정이 다음 각 호의 어느 하나에 해당하면 사건 본인·보호자·보조인 또는 그 법정대리인은 관할 가정법원 또는 지방법원 본원 합의부에 항고할 수 있다.

1. 해당 결정에 영향을 미칠 법령 위반이 있거나 중대한 사실 오인(誤認)이 있는 경우

2. 처분이 현저히 부당한 경우

② 항고를 제기할 수 있는 기간은 7일로 한다.

제44조(항고장의 제출) ① 항고를 할 때에는 항고장을 원심(原審) 소년부에 제출하여야 한다.

② 항고장을 받은 소년부는 3일 이내에 의견서를 첨부하여 항고법원에 송부하여야 한다.

제45조(항고의 재판) ① 항고법원은 항고 절차가 법률에 위반되거나 항고가 이유 없다고 인정한 경우에는 결정으로써 항고를 기각하여야 한다.

② 항고법원은 항고가 이유가 있다고 인정한 경우에는 원결정(原決定)을 취소하고 사건을 원소년부에 환송(還送)하거나 다른 소년부에 이송하여야 한다. 다만, 환송 또는 이송할 여유가 없이 급하거나 그 밖에 필요하다고 인정한 경우에는 원결정을 파기하고 불처분 또는 보호처분의 결정을 할 수 있다.

제46조(집행 정지) 항고는 결정의 집행을 정지시키는 효력이 없다.

제47조(재항고) ① 항고를 기각하는 결정에 대하여는 그 결정이 법령에 위반되는 경우에만 대법원에 재항고를 할 수 있다.

② 제1항의 재항고에 관하여는 제43조제2항을 준용한다.

제2장 형사사건

제1절 통칙

제48조(준거법례) 소년에 대한 형사사건에 관하여는 이 법에 특별한 규정이 없으면 일반 형사사건의 예에 따른다.

제49조(검사의 송치) ① 검사는 소년에 대한 피의사건을 수사한 결과 보호처분에 해당하는 사유가 있다고 인정한 경우에는 사건을 관할 소년부에 송치하여야 한다.

② 소년부는 제1항에 따라 송치된 사건을 조사 또는 심리한 결과 그 동기와 죄질이 금고 이상의 형사처분을 할 필요가 있다고 인정할 때에는 결정으로써 해당 검찰청 검사에게 송치할 수 있다.

③ 제2항에 따라 송치한 사건은 다시 소년부에 송치할 수 없다.

제49조의2(검사의 결정 전 조사) ① 검사는 소년 피의사건에 대하여 소년부 송치, 공소제기, 기소유예 등의 처분을 결정하기 위하여 필요하다고 인정하면 피의자의 주거지 또는 검찰청 소재지를 관할하는 보호관찰소의 장, 소년분류심사원장 또는 소년원장(이하 "보호관찰소장등"이라 한다)에게 피의자의 품행, 경력, 생활환경이나 그 밖에 필요한 사항에 관한 조사를 요구할 수 있다.

② 제1항의 요구를 받은 보호관찰소장등은 지체 없이 이를 조사하여 서면으로 해당 검사에게 통보하여야 하며, 조사를 위하여 필요한 경우에는 소속 보호관찰관 · 분류심사관 등에게 피의자 또는 관계인을 출석하게 하여 진술요구를 하는 등의 방법으로 필요한 사항을 조사하게 할 수 있다.

③ 제2항에 따른 조사를 할 때에는 미리 피의자 또는 관계인에게 조사의 취지를 설명하여야 하고, 피의자 또는 관계인의 인권을 존중하며, 직무상 비밀을 엄수하여야 한다.

④ 검사는 보호관찰소장등으로부터 통보받은 조사 결과를 참고하여 소년피의자를 교화 · 개선하는 데에 가장 적합한 처분을 결정하여야 한다.

제49조의3(조건부 기소유예) 검사는 피의자에 대하여 다음 각 호에 해당하는 선도(善導) 등을 받게 하고, 피의사건에 대한 공소를 제기하지 아니할 수 있다. 이 경우 소년과 소년의 친권자 · 후견인 등 법정대리인의 동의를 받아야 한다.

1. 범죄예방자원봉사위원의 선도

2. 소년의 선도 · 교육과 관련된 단체 · 시설에서의 상담 · 교육 · 활동 등

제50조(법원의 송치) 법원은 소년에 대한 피고사건을 심리한 결과 보호처분에 해당할 사유가 있다고 인정하면 결정으로써 사건을 관할 소년부에 송치하여야 한다.

제51조(이송) 소년부는 제50조에 따라 송치받은 사건을 조사 또는 심리한 결과 사건의 본인이 19세 이상인 것으로 밝혀지면 결정으로써 송치한 법원에 사건을 다시 이송하여야 한다.

제52조(소년부 송치 시의 신병 처리) ① 제49조제1항이나 제50조에 따른 소년부 송치결정이 있는 경우에는 소년을 구금하고 있는 시설의 장은 검사의 이송 지휘를 받은 때로부터 법원 소년부가 있는 시 · 군에서는 24시간 이내에, 그 밖의 시 · 군에서는 48시간 이내에 소년을 소년부에 인도하여야 한다. 이 경우 구속영장의 효력은 소년부 판사가 제18조제1항에 따른 소년의 감호에 관한 결정을 한 때에 상실한다.

② 제1항에 따른 인도와 결정은 구속영장의 효력기간 내에 이루어져야 한다.

제53조(보호처분의 효력) 제32조의 보호처분을 받은 소년에 대하여는 그 심리가 결정된 사건은 다시 공소를 제기하거나 소년부에 송치할 수 없다. 다만, 제38조제1항제1호의 경우에는 공소를 제기할 수 있다.

제54조(공소시효의 정지) 제20조에 따른 심리 개시 결정이 있었던 때로부터 그 사건에 대한 보호처분의 결정이 확정될 때까지 공소시효는 그 진행이 정지된다.

제55조(구속영장의 제한) ① 소년에 대한 구속영장은 부득이한 경우가 아니면 발부하지 못한다.

② 소년을 구속하는 경우에는 특별한 사정이 없으면 다른 피의자나 피고인과 분리하여 수용하여야 한다.

제2절 심판

제56조(조사의 위촉) 법원은 소년에 대한 형사사건에 관하여 필요한 사항을 조사하도록 조사관에게 위촉할 수 있다.

제57조(심리의 분리) 소년에 대한 형사사건의 심리는 다른 피의사건과 관련된 경우에도 심리에 지장이 없으면 그 절차를 분리하여야 한다.

제58조(심리의 방침) ① 소년에 대한 형사사건의 심리는 친절하고 온화하게 하여야 한다.

② 제1항의 심리에는 소년의 심신상태, 품행, 경력, 가정상황, 그 밖의 환경 등에

대하여 정확한 사실을 밝힐 수 있도록 특별히 유의하여야 한다.

제59조(사형 및 무기형의 완화) 죄를 범할 당시 18세 미만인 소년에 대하여 사형 또는 무기형(無期刑)으로 처할 경우에는 15년의 유기징역으로 한다.

제60조(부정기형) ① 소년이 법정형으로 장기 2년 이상의 유기형(有期刑)에 해당하는 죄를 범한 경우에는 그 형의 범위에서 장기와 단기를 정하여 선고한다. 다만, 장기는 10년, 단기는 5년을 초과하지 못한다.

② 소년의 특성에 비추어 상당하다고 인정되는 때에는 그 형을 감경할 수 있다.

③ 형의 집행유예나 선고유예를 선고할 때에는 제1항을 적용하지 아니한다.

④ 소년에 대한 부정기형을 집행하는 기관의 장은 형의 단기가 지난 소년범의 행형(行刑) 성적이 양호하고 교정의 목적을 달성하였다고 인정되는 경우에는 관찰 검찰청 검사의 지휘에 따라 그 형의 집행을 종료시킬 수 있다.

제61조(미결구금일수의 산입) 제18조제1항제3호의 조치가 있었을 때에는 그 위탁기간은 「형법」 제57조제1항의 판결선고 전 구금일수(拘禁日數)로 본다.

제62조(환형처분의 금지) 18세 미만인 소년에게는 「형법」 제70조에 따른 유치선고를 하지 못한다. 다만, 판결선고 전 구속되었거나 제18조제1항제3호의 조치가 있었을 때에는 그 구속 또는 위탁의 기간에 해당하는 기간은 노역장(勞役場)에 유치된 것으로 보아 「형법」 제57조를 적용할 수 있다.

제63조(징역·금고의 집행) 징역 또는 금고를 선고받은 소년에 대하여는 특별히 설치된 교도소 또는 일반 교도소 안에 특별히 분리된 장소에서 그 형을 집행한다. 다만, 소년이 형의 집행 중에 23세가 되면 일반 교도소에서 집행할 수 있다.

제64조(보호처분과 형의 집행) 보호처분이 계속 중일 때에 징역, 금고 또는 구류를 선고받은 소년에 대하여는 먼저 그 형을 집행한다.

제65조(가석방) 징역 또는 금고를 선고받은 소년에 대하여는 다음 각 호의 기간이 지나면 가석방(假釋放)을 허가할 수 있다.

1. 무기형의 경우에는 5년
2. 15년 유기형의 경우에는 3년
3. 부정기형의 경우에는 단기의 3분의 1

제66조(가석방 기간의 종료) 징역 또는 금고를 선고받은 소년이 가석방된 후 그 처분이 취소되지 아니하고 가석방 전에 집행을 받은 기간과 같은 기간이 지난 경우에는

형의 집행을 종료한 것으로 한다. 다만, 제59조의 형기(刑期) 또는 제60조제1항에 따른 장기의 기간이 먼저 지난 경우에는 그 때에 형의 집행을 종료한 것으로 한다.

제67조(자격에 관한 법령의 적용) 소년이었을 때 범한 죄에 의하여 형을 선고받은 자가 그 집행을 종료하거나 면제받은 경우 자격에 관한 법령을 적용할 때에는 장래에 향하여 형의 선고를 받지 아니한 것으로 본다.

제3장의2 비행 예방

제67조의2(비행 예방정책) 법무부장관은 제4조제1항에 해당하는 자(이하 "비행소년"이라 한다)가 건전하게 성장하도록 돕기 위하여 다음 각 호의 사항에 대한 필요한 조치를 취하여야 한다.

1. 비행소년이 건전하게 성장하도록 돕기 위한 조사 · 연구 · 교육 · 홍보 및 관련 정책의 수립 · 시행

2. 비행소년의 선도 · 교육과 관련된 중앙행정기관 · 공공기관 및 사회단체와의 협조체계의 구축 및 운영

제4장 벌칙

제68조(보도 금지) ① 이 법에 따라 조사 또는 심리 중에 있는 보호사건이나 형사사건에 대하여는 성명 · 연령 · 직업 · 용모 등으로 비추어 볼 때 그 자가 당해 사건의 당사자라고 미루어 짐작할 수 있는 정도의 사실이나 사진을 신문이나 그 밖의 출판물에 싣거나 방송할 수 없다.

② 제1항을 위반한 다음 각 호의 자는 1년 이하의 징역이나 금고 또는 1천만원 이하의 벌금에 처한다.

1. 신문 : 편집인 및 발행인

2. 그 밖의 출판물 : 저작자 및 발행자

3. 방송 : 방송편집인 및 방송인

제69조(나이의 거짓 진술) 성인(成人)이 고의로 나이를 거짓으로 진술하여 보호처분이나 소년 형사처분을 받은 경우에는 1년 이하의 징역에 처한다.

제70조(조회 응답) ① 소년 보호사건과 관계있는 기관은 그 사건 내용에 관하여 재판, 수사 또는 군사상 필요한 경우 외의 어떠한 조회에도 응하여서는 아니 된다.

② 제1항을 위반한 자는 1년 이하의 징역 또는 1천만원 이하의 벌금에 처한다.

제71조(소환의 불응 및 보호자 특별교육명령 불응) 다음 각 호의 어느 하나에 해당하는 자에게는 100만원 이하의 과태료를 부과한다.

1. 제13조제1항에 따른 소환에 정당한 이유 없이 응하지 아니한 자
2. 제32조의2제3항의 특별교육명령에 정당한 이유 없이 응하지 아니한 자

부록 3 학교폭력 사안처리 각종 양식

담임종결 사안 확인서

확 인 서

피해학생(갑)	성 명:	(학년 반 번)
	주 소:	
	전 화:	
가해학생(을)	성 명:	(학년 반 번)
	주 소:	
	전 화:	

20 년 월 일 시 분경 에서 가 에게 피해를 입힌 사실이 있음을 인정하고 화해를 요청하였고, 이에 대해 피해학생 이 화해에 응하여 담임교사 에게 자체 해결해 주시도록 부탁을 드리며 이후 추가적인 학교폭력 사안발생 등 특별한 사유가 없는 한 폭력대책자치위원회 제소를 하지 않을 것을 확약하고 후일의 증거로서 이 합의서에 서명 날인합니다.

년 월 일		
	위 피해학생:	(印)
	보호자	(印)
	위 가해학생:	(印)
	보호자	(印)
입회인	성 명 : 담임 (印)	
	주 소 :	
	전 화 :	

근거 : 교육과학기술부 학교폭력 대응지침(2012.03.16.)

사과 각서

1. 나 ______________(은/는) ______________에게 ______________한 행동을 하였습니다.

2. 그로 인해 ________________(을/를) 힘들게 만들었음을 진심으로 인정하며,
나는 ________________에게 다시는 학교폭력을 행사하지 않을 것을 약속합니다.

3. 또한 나 ________________(이/가) 학교폭력을 행사함으로써,
부모님과 학교 선생님들을 힘들게 했음을 인정합니다.

4. 역시 나 ________________(은/는) 이를 목격한 다른 학생들에게도 좋지 못한 영향을 미쳤음도 인정합니다.

5. 앞으로 나 ________________(이/가) 다시 학교폭력을 행사할 시, 더 엄중한 처벌이 내려져도 이를 불만 없이 받아들일 것을 약속합니다.

6. 나는____(을/를)
(약속합니다/인정합니다.)

____

__________(이/가) 위 약속한 사항을 앞으로 성실히 지킬 것을 증인들은 믿습니다.

〈증 인〉

담임교사 ____________________ 서명 ____________________

책임교사 ____________________ 서명 ____________________

학 교 장 ____________________ 서명 ____________________

학 부 모 ____________________ 서명 ____________________

학 부 모 ____________________ 서명 ____________________

00000학교

반 성 문

인적사항	학번 :	성명 :	전화 :
	주소 :		
	보호자 성명 :		직업 :
작성일	월 일		
반성주제 :			
반성내용			

보호자 확인서

1. 본 확인서는 학교폭력 사안 조사를 위한 것입니다.
2. 자녀와 상대방 학생에 관련된 객관적인 정보를 제공해 주셨으면 합니다.
3. 사안 해결을 위해 학교는 객관적이고 적극적인 자세로 임할 것입니다.

<table>
<tr><td>1</td><td colspan="3">학생의 학교폭력 경험</td><td colspan="4">□ 피해학생 □ 가해학생 □ 방관자 □ 기타</td></tr>
<tr><td>2</td><td>학생 성명</td><td colspan="2"></td><td>학년 / 반</td><td>/</td><td>성별</td><td>남 / 여</td></tr>
<tr><td>3</td><td colspan="2">사안 인지 경위</td><td colspan="5"></td></tr>
<tr><td>4</td><td colspan="2">현재
자녀의 상태</td><td colspan="5">신체적 –
정신적 –</td></tr>
<tr><td>5</td><td rowspan="3">자녀
관련
정보</td><td>교우
관계</td><td colspan="5">(친하게 지내는 학생이 있는지, 친한 친구가 누구이며, 몇 명 정도인지 등)</td></tr>
<tr><td>6</td><td>폭력 경험 유무
및 내용</td><td colspan="5">(실제로 밝혀진 것 외에도 의심되는 사안에 대해서도)</td></tr>
<tr><td>7</td><td>자녀
확인 내용</td><td colspan="5">(사안에 대해 자녀가 부모에게 말한 것)</td></tr>
<tr><td>8</td><td colspan="2">현재까지의 부모 조치</td><td colspan="5"></td></tr>
<tr><td>9</td><td colspan="2">사안 해결을
위한 관련
정보 제공</td><td colspan="5">(특이점, 성격 등)</td></tr>
<tr><td>10</td><td colspan="2">현재 부모의 심정</td><td colspan="5">(어려운 점 등)</td></tr>
<tr><td rowspan="2">11</td><td colspan="2" rowspan="2">본 사안 해결을 위한 부모 의견,
바라는 점</td><td colspan="5">담임교사 –</td></tr>
<tr><td colspan="5">학교 –
(사과, 각서, 치료비 지급, 학급교체, 전학, 심리치료 등)</td></tr>
<tr><td>12</td><td colspan="7">(더 적을 것이 있으면 적어주세요)</td></tr>
</table>

사전 선도조치 보고서

대상자 (가해학생)	이름 : ________ 학년/반 : ___ 학년 ___ 반	
사건 내용	발생일	
	피해학생	이름 : ________ 학년/반 : ___ 학년 ___ 반
	유형	① 신체폭력 ② 언어폭력 ③ 금품갈취 ④ 강요(강제적 심부름) ⑤ 따돌림 ⑥ 성폭력 ⑦ 사이버 폭력
조치일자		
조치 내용	① 피해학생에 대한 서면사과 ② 피해학생 및 신고 · 고발 학생에 대한 접촉, 협박 및 보복행위의 금지 ③ 학교에서의 봉사 ④ 학내외 전문가에 의한 특별 교육이수 또는 심리치료 ⑤ 출석정지 (④와 ⑤는 병과조치할 수 있습니다.)	
사전 선도조치의 필요성	(학교폭력사안의 심각성, 가해학생의 태도, 가해행위의 지속성 등 고려)	
가해학생 또는 보호자의 의견청취 여부	① 의견청취 완료 (일시: ____________ , 방법: ______________) ② 의견을 들으려 하였으나 이에 따르지 않음 (출석정지 조치를 하고자 할 경우 의견청취가 필수입니다.)	
학생 및 학부모에 대한 통지	통지일자	
	통지방법	

년　　월　　일

학 교 장　(직인)

진 술 서

<table>
<tr><td rowspan="2">인적사항</td><td>학번 :</td><td>성명 ;</td><td>전화 :</td></tr>
<tr><td colspan="3">주소 :</td></tr>
<tr><td>작성일</td><td colspan="3">년 월 일</td></tr>
<tr><td colspan="4">내용은 자세하게 육하원칙에 의해서 쓰시오.</td></tr>
<tr><td colspan="4"></td></tr>
</table>

학교폭력대책자치위원회 회의록

제 회 ______학교 학교폭력대책자치위원회

회 의 록

○ 일 시 : 년 월 일(요일) 시 분
○ 장 소 :
○ 위원정수 : 명
○ 참석위원 : 명
○ 불참위원 : 명

○ 회 순

1. 개회　2. 국민의례　3. 위원장 말씀
4. 안건발의　5. 안건심의　6. 기타 협의
7. 폐회

○ 의사일정(부의된 안건)

1.
2.

○ 회의내용
(발언 순서에 따라 기재)

○ 확인

위원장 __________ ㊞

위원 __________ ㊞	위원 __________ ㊞
위원 __________ ㊞	위원 __________ ㊞
위원 __________ ㊞	위원 __________ ㊞
위원 __________ ㊞	위원 __________ ㊞
위원 __________ ㊞	위원 __________ ㊞

학교폭력 신고서

<table>
<tr><td>성 명</td><td colspan="2"></td><td>학년 / 반</td><td></td></tr>
<tr><td>학생과의 관계</td><td colspan="4">① 본인 ② 친구 ③ 보호자( )
④ 교사( ) ⑤ 기타 ( )</td></tr>
<tr><td>연 락 처</td><td>집</td><td></td><td>휴대폰</td><td></td></tr>
<tr><td>주 소</td><td colspan="4"></td></tr>
<tr><td>사안을
알게 된 경위
(피해 · 가해
학생일 경우는 제외)</td><td colspan="4"></td></tr>
<tr><td rowspan="5">사안 내용</td><td>① 누 가</td><td colspan="3"></td></tr>
<tr><td>② 언 제</td><td colspan="3"></td></tr>
<tr><td>③ 어디서</td><td colspan="3"></td></tr>
<tr><td>④ 무엇을 /
어떻게</td><td colspan="3"></td></tr>
<tr><td>⑤ 왜</td><td colspan="3"></td></tr>
<tr><td>사안 해결에
도움이 될
정보</td><td colspan="4"></td></tr>
<tr><td>기 타</td><td colspan="4">(증거자료 있을 시 기재 등)</td></tr>
</table>

학교폭력 신고 접수 대장

<table>
<tr><th rowspan="2">접수
번호</th><th rowspan="2">일시</th><th rowspan="2">신고자
또는
신고
기관</th><th rowspan="2">신고자
신분 및
전화번호</th><th rowspan="2">신고내용</th><th rowspan="2">사실
여부</th><th colspan="2">사실 통보</th></tr>
<tr><th>피해
학생</th><th>가해
학생</th></tr>
<tr><td>1</td><td></td><td></td><td></td><td></td><td>0</td><td>0</td><td>0</td></tr>
<tr><td>조치
사항</td><td colspan="7"></td></tr>
<tr><td>참고
사항</td><td colspan="7"></td></tr>
</table>

학교폭력 책임교사 : (인)

해당 담임교사 : (인)

인성인권부장 : (인)

교감 : (인)

교장 : (인)

학교폭력사안 접수 보고서

학교폭력사안 접수를 학교장에게 보고합니다.

<table>
<tr><td>1</td><td colspan="2">접수일자</td><td colspan="2"></td><td>2</td><td>보고일자</td><td colspan="2"></td></tr>
<tr><td>3</td><td>피해학생</td><td>성명</td><td></td><td>학년/반</td><td>학년 / 반</td><td>성별</td><td colspan="2">남 / 여</td></tr>
<tr><td>4</td><td>가해학생</td><td>성명</td><td></td><td>학년/반</td><td>학년 / 반</td><td>성별</td><td colspan="2">남 / 여</td></tr>
<tr><td>5</td><td>사안유형</td><td colspan="7">□ 신체폭력 □ 금품갈취 □ 언어폭력 □ 따돌림 □ 괴롭힘
□ 성폭력 □ 사이버폭력 및 매체폭력 □ 폭력서클</td></tr>
<tr><td rowspan="5">6</td><td rowspan="5">사안 내용
(간단히)</td><td>누가</td><td colspan="6"></td></tr>
<tr><td>언제</td><td colspan="6"></td></tr>
<tr><td>어디서</td><td colspan="6"></td></tr>
<tr><td>무엇을/
어떻게</td><td colspan="6"></td></tr>
<tr><td>왜</td><td colspan="6"></td></tr>
<tr><td rowspan="2">7</td><td rowspan="2">현재 상태
(신체, 심리,
정서)</td><td>피해
학생</td><td colspan="6"></td></tr>
<tr><td>가해
학생</td><td colspan="6"></td></tr>
<tr><td>8</td><td>책임
교사 / 소견</td><td colspan="7"></td></tr>
<tr><td>9</td><td>기타</td><td colspan="7"></td></tr>
<tr><td>10</td><td>담당자</td><td colspan="5"></td><td colspan="2">서명</td></tr>
</table>

학교폭력전담기구(협의록)

<table>
<tr><td>협의일시</td><td colspan="2">년 월 일 (시작 시각 : – 종료 시각 :)</td></tr>
<tr><td>참석위원</td><td colspan="2"></td></tr>
<tr><td>협의 주제</td><td colspan="2"></td></tr>
<tr><td>협의 내용</td><td colspan="2"></td></tr>
<tr><td>확인</td><td>학교폭력대책자치위원회 위원장
(서명 · 날인)
학교폭력대책자치위원회 위원
(서명 · 날인)
(서명 · 날인)
(서명 · 날인)</td><td>학교폭력대책자치위원회 위원
(서명 · 날인)
(서명 · 날인)
(서명 · 날인)
학교폭력 책임교사
(서명 · 날인)</td></tr>
</table>

학교폭력 관련 학생 생활 보고서

담임교사가 반 학생에 대해 보고하는 내용입니다.

<table>
<tr><td>1</td><td colspan="2">학생의 학교폭력 경험</td><td colspan="4">□ 피해학생 □ 가해학생 □ 방관자 □ 기타</td></tr>
<tr><td>2</td><td>성명</td><td></td><td>학년 / 반</td><td>/</td><td>성별</td><td>남 / 여</td></tr>
<tr><td>3</td><td colspan="2">사안 인지 경위</td><td colspan="4">□교사 인식 □책임교사 □보호자 □학생 □기타</td></tr>
<tr><td rowspan="2">4</td><td rowspan="4">해당 학생 관련 생활 정보</td><td>출결현황</td><td colspan="4">(결석, 조퇴, 지각 등)</td></tr>
<tr><td>교우관계</td><td colspan="4">(친하게 지내는 학생이 있는지, 친한 친구가 누구이며, 몇 명 정도인지 등)</td></tr>
<tr><td>5</td><td>평소 생활 상황</td><td colspan="4"></td></tr>
<tr><td>6</td><td>폭력 경험 유무 및 내용</td><td colspan="4">(실제로 밝혀진 것 외에도 의심되는 사안에 대해)</td></tr>
<tr><td>7</td><td colspan="2">본 사안에 대한 담임교사 소견</td><td colspan="4"></td></tr>
<tr><td>8</td><td colspan="2">현재까지 담임교사가 한 조치</td><td colspan="4"></td></tr>
<tr><td>9</td><td colspan="2">사안 해결을 위한 관련 정보 제공</td><td colspan="4">(특이점, 평소 학급 분위기 등)</td></tr>
<tr><td>10</td><td colspan="2">기타</td><td colspan="4"></td></tr>
</table>

학교폭력 확인서 (피해 · 가해 학생용)

<table>
<tr><td>1</td><td>성명</td><td></td><td>학년 / 반</td><td>/</td><td>성별</td><td>남 / 여</td></tr>
<tr><td rowspan="5">2</td><td rowspan="5">사안 확인</td><td>누가</td><td colspan="4">(관련학생 모두)</td></tr>
<tr><td>사안 기간</td><td colspan="4">① 처음 있는 일
______년 ______월 ______일 ______시경
② ______개월 간 ______번 정도</td></tr>
<tr><td>어디서</td><td colspan="4">① 교실 ② 화장실 ③ 복도
④ 기타 : 학교 안(____________)
학교 밖(____________)</td></tr>
<tr><td>무엇을 /어떻게</td><td colspan="4">(폭력상황, 폭력기간, 피해상황 집단여부 등 기록)</td></tr>
<tr><td>왜</td><td colspan="4"></td></tr>
<tr><td>3</td><td colspan="2">목격한 학생(모두)</td><td colspan="4">① 같은 반 친구
(____________)
② 다른 반 친구
(____________)
③ 기타(____________)</td></tr>
<tr><td>4</td><td colspan="2">현재 기분</td><td colspan="4"></td></tr>
<tr><td>5</td><td colspan="2">원하는 조치</td><td colspan="4">① 나 – ____________
② 상대 학생
– ____________
(예 – 사과, 치료비, 학급교체, 학교봉사, 사회봉사, 전학 등)</td></tr>
<tr><td>6</td><td colspan="2">필요한 도움</td><td colspan="4">담임교사 –
학교 –
보호자 –</td></tr>
<tr><td>7</td><td colspan="2">기타</td><td colspan="4"></td></tr>
<tr><td>8</td><td>작성일</td><td colspan="2">20 년 ___월 ___일</td><td>작성 학생</td><td colspan="2">(서명)</td></tr>
</table>

만약 사안이 2번 이상 발생한 것이라면, 사안별로 각각 기록을 해주세요.

성명		학년 / 반	/
1	사안 기록 (1회)	① 누가	
		② 언제	________년 ________월 ________일 ________시경
		③ 어디서	
		④ 무엇을/ 어떻게	
		⑤ 왜	
		⑥ 목격자 유무	목격자 –
2	사안 기록 (2회)	① 누가	
		② 언제	________년 ________월 ________일 ________시경
		③ 어디서	
		④ 무엇을/ 어떻게	
		⑤ 왜	
		⑥ 목격자 유무	목격자 –
3	사안 기록 (3회)	① 누가	
		② 언제	________년 ________월 ________일 ________시경
		③ 어디서	
		④ 무엇을/ 어떻게	
		⑤ 왜	
		⑥ 목격자 유무	목격자 –

목격자 확인서

1. 본 확인서는 학교폭력 사안 조사를 위한 것입니다.
2. 목격자에게 피해가 가지 않도록 꼭 사안 담당 교사들만 확인할 것입니다.
3. 기록한 내용들은 공정한 사안 해결을 위한 매우 소중한 정보입니다.

<table>
<tr><td>1</td><td>성명</td><td></td><td>학년 / 반</td><td>/</td><td>성별</td><td>남 / 여</td></tr>
<tr><td rowspan="5">2</td><td rowspan="5">사안
확인</td><td>누가
(관련학생
모두)</td><td colspan="4"></td></tr>
<tr><td>사안 기간</td><td colspan="4">① 처음 있는 일
20___년 ___월 ___일 ______시경
② _____개월 간 _____번 정도</td></tr>
<tr><td>어디서</td><td colspan="4">① 교실 ② 화장실 ③ 복도
④ 기타 : 학교 안(______________)
학교 밖(______________)</td></tr>
<tr><td>무엇을
/어떻게</td><td colspan="4"></td></tr>
<tr><td>왜</td><td colspan="4"></td></tr>
<tr><td>3</td><td colspan="2">목격한 학생(모두)</td><td colspan="4">(피해 · 가해학생이 예전에 당했거나, 가해한 경험 등)</td></tr>
<tr><td>4</td><td colspan="2">기타</td><td colspan="4"></td></tr>
</table>

자료 제출서

수집한 자료들을 이곳에 기록하거나 붙이시면 됩니다.

자료명 :

자료 설명 :

(학교폭력) 사안 보고

보고 구분	■최초 □최종	(00) 교육지원청 (00 중) 학교장	학교장 직인

구 분	단순 폭행	집단 폭행	금품 갈취	따돌림 괴롭힘	언어 폭력	성희롱	성추행	성폭행	학생 체벌	교권 침해	기타
체크(0)	0	0									
										〈중복체크〉	

학교명 : (00 중)학교	교장	성명 : (0 0 0) H · P : (000-000-0000)	교감	성명 : (0 0 0) H · P : (000-000-0000)
관련 학생	피해학생 : (학 교) (학 년) (성 명)			
	가해학생(자) : (학 교) (학 년) (성 명)			

발생 일시	20 . 00. 00	보고 일시	최초 : 20 . 00. 00.
접수 일시	20 . 00. 00		최종 : 20 . 00. 00.

사건장소 및 주요 내용	※ 간략하게 작성(누가/누구에게, 언제, 어디서, 무엇을/어떻게, 왜)

특이사항	※ 언론보도 및 경찰 고소 내용 등

자치 위원회 개최(예정)일	20 년 00월 00일 00시

□ 조치 사항

구분	자치위원회 조치 사항
피해 학생	1호 : 심리상담 및 조언 등
가해 학생	1호 : 서면사과, 2호 : 접촉금지 등

※ 가해 · 피해 모두 연관된 학생은 각각 기재

□ 특별교육 이수 현황

대상	특별교육 조치사항	이수 여부	이수 일자	이수 기관
학생	특별교육 00 시간	0	20 . 00. 00	0 0 Wee 센터 등
보호자	특별교육 00 시간	X	20 . 00. 00	0 0 Wee 센터 등

□ 향후 계획

학교	○ 상담 등의 보호 조치 지속적인 실시 등
교육지원청	○ 피 · 가해학생에 대한 보호 및 지도 당부 등

작성자	학교	직위:	성명:	전화:
	교육청	직위:	성명:	전화:

참고 문헌

교육부 · 자살과 학생정신건강연구소(2013). 2013 학생정서 · 행동특성검사 및 관리매뉴얼. 교육부 학생건강총괄과.

국가청소년위원회 활동복지단 복지지원팀(2007). 용기 있는 마음 행복한 학교. 서울 : 국가청소년위원회.

법무부 · 교육과학기술부 · 전라북도교육청(2013). 우리 아이들에게 무슨 일이?. (재)자녀 안심하고 학교 보내기운동 국민재단.

법무부 · 교육과학기술부(2012). 난 아픈데 넌 장난?. (재)자녀 안심하고 학교보내기운동 국민재단 부설 한국법교육센터.

법무부 · 교육과학기술부 · 전라북도교육청(2013). 학교폭력에 대한 교사의 역할. (재)자녀 안심하고 학교 보내기운동 국민재단.

보건복지부 · 한국자살예방협회 · 중앙자살예방센터 · 삼성생명(2012). 교사용 학생 자살 위기 대응 매뉴얼. 서울 : 한국자살예방협회.

보건복지부 · 한국자살예방협회 · 중앙자살예방센터 · 삼성생명(2012). 부모용 청소년 자녀를 돕기 위한 자살 예방 지침서. 서울 : 한국자살예방협회.

전라북도교육청(2013). 교육공동체가 함께 풀어가는 학교폭력 예방 및 대책. 전라북도교육청.

전라북도교육청(2013). 인성인권 교육계획. 전라북도교육청.

전라북도교육청(2013). 자살예방 및 위기관리 추진계획. 전라북도교육청.
전라북도교육청(2013). 학교폭력 사안처리 가이드북. 전라북도교육청.
전라북도교육청(2013). 학교폭력 및 인성인권교육 계획 연수 자료. 전라북도교육청.
전라북도교육청(2013). 학생정서행동발달지원 추진계획. 전라북도교육청.
평택대학교(2013). 교육과학기술부 위탁 2013년 전문상담교사 직무연수. 평택대학교.

저자 소개

손충기

공주사범대학 교육학과 졸업/서울대학교 대학원 교육학과 졸업/인하대학교 대학원 교육학박사/한국행동과학연구소 학습 · 검사 · 사회 · 조직개발연구부장 역임/현재, 원광대학교 교육학과 교수

류재수

교육학 박사
원광대학교 사범대학 교육학과 겸임교수
이리남성여중 전문상담 교사
인성인권부장

학교폭력의 예방과 대처

초판발행 2013년 8월 30일
4판발행 2015년 8월 25일

손충기
2015. 8.

저 자 손충기 · 류재수
발행인 김현태
발행처 태영출판사

주 소 (08301) 서울 구로구 구로동 104-10 동남오피스텔 201호
전 화 02 · 839-3757, 839-3752
팩 스 02 · 837-3754
등 록 2005년 5월 30일 제12-421호
http://www.taeyeongbook.co.kr
E-mail tys2005@hanmail.net
ISBN 978-89-6302-128-7 93370
정 가 14,000원

NAVER 태영출판사

* 잘못 만들어진 책은 교환해 드립니다.